검경수사 잘 받는 법

검경수사 잘 받는 법

1판 1쇄 발행 2019. 5. 31.
1판 2쇄 발행 2023. 2. 27.

지은이 노인수

발행인 고세규
편집 조은혜 | 디자인 지은혜
발행처 김영사
등록 1979년 5월 17일(제406-2003-036호)
주소 경기도 파주시 문발로 197(문발동) 우편번호 10881
전화 마케팅부 031)955-3100, 편집부 031)955-3200, 팩스 031)955-3111

저작권자 ⓒ 노인수, 2019
이 책은 저작권법에 의해 보호를 받는 저작물이므로
저자와 출판사의 허락 없이 내용의 일부를 인용하거나 발췌하는 것을 금합니다.

값은 뒤표지에 있습니다.
ISBN 978-89-349-9588-3 13360

홈페이지 www.gimmyoung.com   블로그 blog.naver.com/gybook
인스타그램 instagram.com/gimmyoung 이메일 bestbook@gimmyoung.com

좋은 독자가 좋은 책을 만듭니다.
김영사는 독자 여러분의 의견에 항상 귀 기울이고 있습니다.

당 황 하 지 않 고 실 수 하 지 않 고

검경수사
잘 받는 법

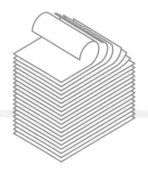

노인수

김영사

갑자기 검찰 혹은 경찰의 부름을 받은
당신을 위하여

최근 공기업 사장인 친지에게 전화가 왔다. 여자 민원인 2명이 사장실에 사업 제안서를 들고 와 미팅을 하고 갔는데, 다음 날 더 젊은 여자의 남편이 변호사와 함께 찾아와 '그때 사장님이 아내의 몸을 만져 아내가 심한 모멸감을 느꼈다고 했다'며 항의를 하고 갔다고 한다. 자신은 당시 상황이 제대로 기억나지 않지만 그 자리에 있었던 직원들 말로는 친지가 대화 도중 손으로 더 젊은 민원인의 어깨와 무릎을 여러 번 터치했다고 한다. 친지는 앞으로 이 일을 어떻게 처리하면 좋겠느냐고 물었다.

이때 당신이라면 어떻게 하겠는가.

일단 이성異性인 민원인의 신체에 동의 없이 접촉을 했는데 그 사람의 기분이 나빴다면 뭔가 잘못된 것은 분명하지만, 친지는 평소 손의 제스처가 크고 친밀감의 표시로 터치를 하는 습관이 있었던 것 같다. 사실 이 정도라면 형사적으로 큰 문제는 아니다. 하지만 피해를 입었다는 민원인이 친지의 행위를 일반적인 굴욕감이나 모욕감을 넘어 성적 굴욕감이나 혐오감을 느낄 만한 행위로 인식했다면 이는 작은 문제를 넘어선다. 성희롱이나 강제추행 등 성폭력 문제가 될 수도 있기 때문이다.

이때는 사실관계 정리가 가장 중요하다. 당시 상황을 잘 정리하고 증거를 모아봐라. 그 자리에 참석한 직원들의 진술들을 녹음해둬라. 사람은 입장에 따라 진술을 바꿀 수도 있다. 또 만약 민원인들이 실제로 굴욕감이나 모욕감을 느꼈다면 미팅이 끝나고 나가는 표정에 뭔가 나타날 것이다. 주변에 CCTV가 있는지 확인해서 영상을 확보해야 한다. 최근 미투 운동 등의 영향으로 법원은 성폭력 등의 문제에서 피해자와 가해자의 진술이 대등할 때, 피해자의 진술을 더 신뢰하는 경향이 짙어졌다. 그럼에도 중요한 건 자신의 주장을 뒷받침하기 위해 사람의 말뿐만 아니라 물적 증거나 논리 등을 찾아봐야 한다는 것이다.

그렇다면 당신은 어떻게 할 것인가. 갑자기 예기치 않은 혐의를 받았다면 어떻게 해야 할까. 무엇을 먼저 해야 하고 무엇을 나중에 해야 할까. 뭐가 더 중요하고 덜 중요한 사안일까. 당신을 판단할 사람들은 어떤 위치에 있고, 어떤 생각을 할까. 그런

과정에서 피의자 또는 피고소인으로 선 당신의 입장과 당신이 최우선으로 해야 할 일은 뭘까.

이 책은 당신이 갑자기 고소를 당하거나 혐의를 받는 사람, 즉 피고소인이나 피의자가 됐을 때를 대비할 수 있게끔 필자의 평소 경험과 법령, 판례, 문헌 등을 망라해 부족한 지식과 지혜를 모아 만들어본 것이다. 특히 기존 책들과 달리 피의자를 판단하는 사람들, 즉 사법경찰관(리)나 검사, 판사 등 판관들을 의식하고 그들의 위치와 입장, 마음 등을 생각하며 대처 방법을 작성했다. 또 그들을 설득할 수 있는 법문서法文書를 제대로 작성할 수 있도록 그에 필요한 사항 등에 상당한 면을 할애했다. 다만 법률 개념이 어렵다는 이유로 계속 페이지를 넘기기 어려울 수도 있다. 그때는 목차를 보고 필요한 부분부터 보기 바란다. 그래도 어렵다면 최근 필자가 증보판을 낸 이 책의 자매격인 《판사 검사 변호사, 그들이 알려주지 않는 형사재판의 비밀》(순눈, 2019)을 참고하기 바란다.

아시다시피 이 책은 필자 혼자만의 산물이 아니다. 처음부터 제안을 했고 많은 수고를 아끼지 않았던 김영사의 조은혜 님을 비롯한 편집진, 그리고 지혜와 지식을 빌려준 여러 학자님들과 법조계 인사들 덕에 나올 수 있었다. 그분들께 거듭 감사하다는 말씀을 드린다.

아무쪼록 이 책이 졸지에 피의자 또는 피고소인이 되어 검찰

로 혹은 경찰로 불려가는 신세가 돼버린 당신 혹은 당신의 이웃
에게 제대로 수사를 받을 수 있는 좋은 길잡이가 되어 원하는
결과를 얻는 데 도움을 주기 바란다.

 이 책의 내용은 필자가 현재 가진 결론이다. 필자의 결론이 일
부는 착오거나 틀렸을 수도 있다는 걸 전제하고, 추후 더 나은
내용으로 보완해나갈 것을 약속한다.

2019년 5월
다시 시작하는 여름의 한가운데에서
노인수

1
수사절차

2 판단자들

3 소송이란 무엇인가

4

**사례별
대처법**

1

수사절차

수사란, 범죄의 혐의 유무를 밝혀 공소제기 여부를 결정하기 위해 범인을 발견·확보하고 증거를 수집·보전하는 수사기관의 활동이다. 수사를 하기 위해 형사소송법 등은 실체적 진실을 발견하되 최대한의 인권 보장을 목적으로 수사절차를 마련해놓고 있다. 수사는 공소제기 전에 하는 것이 원칙이지만, 공소제기 후에도 공소유지 등을 위해 수사가 진행되는 경우도 있다. 이때 수사의 대상 중 가장 중요한 위치에 있는 사람이 피의자 혹은 피고소인이다.

수사절차에는 주체들(판단자 혹은 판관)의 판단에 따라 역할을 수행해야 하는 대상자들이 있다. 형사절차에서는 그것이 바로 피의자, 고소인, 참고인이다. 이들은 수사와 재판절차에 따라 호칭을 달리하며 각기 다른 역할을 맡게 된다. 앞서 말했듯 그중 가장 중요한 위치에 있는 사람이 피의자 혹은 피고소인이다. 이와 달리 민사소송은 당사자끼리 한쪽은 원고가, 한쪽은 피고가 되며 판사가 최종적으로만 판단을 한다. 형사소송과 민사소송은 그 구조부터가 다른 셈이다.

형사소송 피의자는 수사를 당하는 입장에 있기에 진실을 밝히는 과정에서 불리한 처우를 받을 가능성이 있다. 과거에는 고문, 위협 등으로 숱한 피해를 받았기에 관련 법은 점차 피의자의 인권을 보장하는 방향으로 형성되었다. 그럼에도 피해를 받을 가능성은 여전히 존재하기에 피의자는 수사를 받을 때 피의자의 권리와 의무 혹은 내용, 나중에 공소가 되었을 때의 재판 진행, 증거법칙 등에 대해 더 자세히 알아둘 필요가 있다.

사건으로
가지 않는 길

사건이 되는 경우

사건event이 발생했다. 그런데 발생한 사건을 형사 소송상 사건이 되지 않게 할 수 있는가. 사건이 되는지, 안 되는지를 잘 검토하여 사건화되지 않도록 하면 된다. 사건화란, 소송상 이름으로 입건이라고 한다. 입건이 되면 해당 사건에 고유번호(사건번호)가 붙게 되고 판관들에 의해 붙이고 자르고 정리되어 사건에 대한 판단을 받게 된다. 이 판단 결과에 따라 벌을 받기도 하고 용서받기도 하며 죄가 없는 것으로 정리되기도 한다. 여기서 판관 또는 판단자들이란 사건 대상에 대한 판단을 내리는 사람이다. 수사절차에서는 사법경찰관, 사법경찰리, 검사, 판사 등 직책이 높든 낮든 판단을 하는 모든 사람을 일컫는다. 예컨대 파출소 순경(사법경찰리)은 무단횡단하는 사람을 발견했을 때, 그 사람을 입건할 수도 있고 그냥 넘어갈 수도 있다. 그렇다면 입건 혹은 사건 수리가 되는 건 어떤 경우일까. 검찰사건사무규칙 제2조에는 아래와 같이 14가지가 나와 있다.

검찰사건사무규칙 제2조

1 검사가 범죄를 인지한 경우.

2 검사가 고소·고발 또는 자수를 받은 경우. 다만, 고소인 또는 고발인의 진술이나 고소장 또는 고발장에 의한 내용이 불분명하거나 구체적 사실이 적시되어 있지 아니한 경우, 피고소인 또는 피고발인에 대한 처벌을 희망하는 의사표시가 없거나 처벌을 희망하는 의사표시가 취소된 경우, 고소 또는 고발이 본인의 진의에 의한 것인지 여부가 확인되지 아니하는 경우, 동일한 사실에 관하여 이중으로 고소 또는 고발이 있는 경우, 진정사건으로 수리하는 경우를 제외한다.

3 진정인·탄원인 등 민원인이 제출하는 서류가 고소·고발의 요건을 갖추었다고 판단해 검사가 고소·고발사건으로 수리하는 경우.

4 사법경찰관 또는 특별사법경찰관으로부터 사건의 송치를 받은 경우.

5 다른 검찰청의 검사 또는 군사법원 검찰부 검찰관으로부터 사건의 송치를 받은 경우.

6 〈소년법〉 제7조·제38조 제1항 제1호 및 제49조 제2항, 〈가정폭력범죄의 처벌 등에 관한 특례법〉 제27조 제2항·제37조 제2항 및 제46조와 〈성매매알선 등 행위의 처벌에 관한 법률〉 제17조에 의하여 준용되는 〈가정폭력범죄의 처벌 등에 관한 특례법〉 제27조 제2항·제37조 제2항 및 제46조에 따라 가정법원 또는 지방법원으로부터 사건의 송치를 받은 경우.

7 〈즉결심판에 관한 절차법〉 제5조 제2항 및 제14조 제3항의 규정에 의하여 경찰서장으로부터 사건의 송치 또는 사건기록의 송부를 받은 경우.

8 불기소사건·기소중지사건·참고인중지사건 또는 공소보류사건을 재기한 경우.

9 공소를 취소한 사건에 관하여 〈형사소송법〉 제329조의 규정에 의하여 다시 공소를 제기할 경우.

10 법원 또는 군사법원의 사건이송결정에 의하여 사건이 대응하는 법원에 계속된 경우.

11 재심을 청구한 사건에 대하여 〈형사소송법〉 제435조 제1항에 따른 법원의 재심개시결정에 의하여 사건이 대응하는 법원에 계속된 경우.

12 재정신청한 사건에 대해 고등법원으로부터 〈형사소송법〉 제

262조 제2항 제2호의 결정에 따른 재정결정서를 송부받은 경우.

13 상급법원에서의 병합·이송·환송 판결에 의하여 사건이 대응하는 법원에 계속된 경우.

14 관할위반 판결이 선고된 사건에 대하여 다시 공소를 제기하는 경우.

한편 경찰에서는 범죄수사규칙 제39조 범죄인지, 제42조 고소·고발의 접수, 제44조 자수와 준용규정 등을 규정하고 있다. 범죄인지는 검사도 할 수 있고 사법경찰관도 할 수 있다. 범죄를 인지해서 수사를 하게 되는 경우 외에 몇 가지 중요한 경우는 아래와 같다. 달리 말해 이 경우를 피하면 사건화가 되지 않고, 그렇기에 수사를 받지 않아도 된다.

1 고소

고소란, 피해자가 가해자에 대한 처벌의 의사표시를 수사기관에 하는 것이다. 여기서 수사기관이란 통상 경찰서와 검찰청을 말한다. 고소가 되면 수사기관은 고소내용에 대해 수사를 하고 그 결과를 고소인에게 통지해주어야 한다. 그리고 고소인이 잘못 고소했으면 무고죄로 인지되어 처벌받기도 한다.

다만 최근에는 고소를 하더라도 이른바 형식적 요건 등이 부족하다고 하여 각하의견으로 송치되는 경우도 있다. 각하란 사건번호가 붙어 있기는 하나 그 실질적인 내용은 보지 않고 바로 사건을 종결하는 것이다.

2 고발

고발은 제3자가 수사기관에 가해자에 대한 처벌 의사 표시를 하는 것이다. 통상 고소와 같은 절차를 밟지만, 불복절차가 좀 다르다. 고소사건은 항고에 불복할 때 형사소송법 제260조에 따른 재정신청을 하여(다만 직권남용, 불법체포·불법감금, 폭행·가혹행위, 피의사실공표죄에 대하여는 고발한 자도 포함) 해당 고등법원으로 가지만, 고발의 경우 검찰청법 제10조에 따른 재항고를 해 대검찰청에서 판단을 받아야 한다.

고소가 나을까? 고발이 나을까?

남자는 서초동에서 PC방을 하고 있었고 여자의 부모는 사당동에서 편의점을 하고 있었다. 안양시에 사는 A는 이미 근저당권이 많이 설정되어 있는 상가 점포 2개를 가지고 있었다. 남자는 자신의 PC방과 A의 상가 점포 2개를 교환하기로 했다. 이 소식을 들은 여자는 A의 상가가 나중에 큰돈이 될 거라며 상가를 사자고 부모를 설득했다. 남자는 여자의 부모로부터 상가 점포 2개에 해당하는 돈을 받고 소유자 명의를 넘겨주었고, A는 남자로부터 PC방을 인수받았다.

그런데 그 후 이 상가 점포가 근저당권에 의한 경매로 제3자에게 넘어갔다. 배당 결과 여자 부모에게는 남는 것이 없게 되었다. 남자는 여자에게 미안한 마음에 A를 사기죄로 고발했다. 그러나 결과는 무혐의불기소처분이었다. 추후에 피해자인 여자의 부모가 A를 사기죄로 고소했지만 검찰은 앞선 무혐의 내용을 거의 그대로 인용해 A는 또 무혐의가 되었다. 남자는 여자의 부모를 도우려다 무혐의를 더욱 굳힌 꼴이 돼버렸다.

통상 조사관도 피해자의 일과 제3자의 일을 두고 보이지 않는 경중을 두기 마련이다. 처음부터 피해자가 직접 고소를 하고 고소 사실을 입증하기 위해 최선을 다했어야 하는데 그럴 기회를 놓친 것이다.

---

3 자수

자수란, 죄를 범한 후에 수사책임이 있는 관서에 죄를 고백하는 것이다. 자수를 하면 그 형을 감경 또는 면제받을 수 있다.

통상 최단기형이 징역 10년 이상인 경우(예컨대 뇌물을 1억 원 이상 받은 경우) 작량감경(판사의 재량으로 형량을 감경하는 것)으로 형의 2분의 1이 줄어도 징역 5년이 되어 집행유예를 받을 수 없다. 이런 경우 만약 자수를 했다면 한 번 더 감경을 받을 수도 있어 징역 2년 6개월까지도 가능하다. 집행유예의 요건인 '3년 이하의 징역이나 금고 또는 500만 원 이하의 형을 선고할 경우'에 해당되어 집행유예도 가능해지는 것이다. 그래서 뇌물을 1억 이상 받은 공무원이나 성폭행·살인 같은 죄를 저지른 중범죄자들에게 '자수'는 아주 중요한 쟁점이다.

형사문제에 근본적인 대책이 있을까

세상에 떠도는 형사문제 대책에는 네 가지 정도가 있는 것 같다. 첫 번째 도逃, 두 번째 '빽'back, 세 번째 돈money, 네 번째 부否라는 말이 있다. 일단 사건이 발생했으면 도망을 가서 대책을 강구하고 영향력 있는 지인을 동원해 해결하거나 돈으로 관련 조사관을 매수하고 마지막에는 일단 부인하여 조사관과 협상할 수 있는 여지를 만드는 것이라고 한다. 일부는 맞을 수도 있지만 세태가 어떻게 흘러가느냐에 따라 달라질 수 있다. 물론 사건 당사자가 시간적, 공간적, 물질적 자산을 갖고 대처한다면 더욱 유리한 결과를 만들 수 있다는 것은 자명한 사실이다. 하지만 범행을 부인하는 것은 상황에 따라 다를 수 있다. 처음부터 자수할 것인지 아니면 부인하였다가 불리하면 자백을 할 것인가는 잘 판단해야 한다.

　오래전 일이다. 가까운 외가 친척이 별을 세 개나 달고 구치일명 뇌물죄 등이 포함된 법률로 공무상 비밀누설, 체포 및 감금, 도주차량 운전자 등의 죄에 대한 가중처벌 조항이 있다.

소에 수감돼 있었다. 정권 교체기에 군수 담당 장군이었는데 고분고분하지 않았는지 결국 영어(囹圄)의 몸이 된 것이다. 소식을 듣고 접견을 가봤다. 그는 청렴결백한 군인이었고 교회에 다녔는데, 군수업자들이 함께 교회에 다니는 자신의 아내에게 헌금을 하라며 수표 등으로 여러 번 돈을 줬다고 했다. 그 돈을 모두 모으니 1억이 넘어 특정범죄 가중처벌 등에 관한 법률 위반(뇌물)으로 구속되었단다. 처음부터 지금까지의 범행을 모두 부인했는데 징역 7년을 받았다고 했다. 아내가 받은 돈이 뇌물인지 몰랐을 수도 있지만 수사를 한다는 사실을 알았다면 먼저 사실관계를 제대로 정리해 수사대책을 세웠어야 했다. 어차피 죄가 인정될 거라면 자수를 하는 방법도 있었다. 당시 군인은 위 법률 제2조 제1항에 의해 '수뢰액(뇌물로 받은 액수)이 1억 원 이상인 경우 무기 또는 10년 이상의 징역'에 처하도록 되어 있었다. 양형에 있어 거듭 감량을 하지 않으면 징역 5년 이상의 실형을 선고받을 수밖에 없지만 자수를 했다면 작량감경에 자수감경까지 할 수 있어 잘하면 집행유예까지 가능했다. 그렇기에 재벌들 같은 경우 자수 여부가 중요한 쟁점이 되고 변호사들이 미리 수사기관의 상황을 살펴 자수를 유도하기도 한다.

수사의 주제가 무엇일까

검찰이나 경찰 같은 수사기관에 당사자가 가는 것은 고소사건이나 내사사건에서 범죄혐의를 인정하거나 부인하는 데 필요한 진술을 하거나 자료를 제출하기 위해서다. 그런데 그때 범죄혐의의 내용은 형법상 범죄의 성립과 처벌 요건에 맞는 사실들이다. 그러면 범죄의 성립과 처벌 조건 등은 무엇일까. 이에 대해 어느 정도는 알고 가는 것이 좋다.

▌범죄의 성립요건

1 구성요건 해당성

구체적인 행위가 법적 구성요건에 해당하는지 여부를 알아야 한다. 예컨대 절도죄의 경우 형법 제329조에는 '타인의 재물을 절취한 자는 6년 이하의 징역 또는 1천만 원 이하의 벌금에 처한다'고 규정되어 있다. 이 경우 구성요건은 ①타인이 점유하는 타인의 재물과 ②절취행위이므로 범죄가 성립되려면 위 두 가지 요건에 해당되어야 한다. 만약 한 가지라도 빠지면 죄형법정주의 원칙상 범죄를 구성하지 못한다. 즉, 혐의가 없는 셈이다.

2 위법성

구성요건에 해당하는 행위라 하더라도 전체 법질서의 입장에서 허용되지 않는 것이어야 한다. 형법은 제20조 내지 제24조에서 위법성이 없는 행위로 정당행위, 정당방위, 긴급피난, 자구행위, 피해자의 승낙 등을 규정하고 있다. 즉, 구성요건에 해당하는 행위라도 위법성이 없으면 죄가 되지 않는다. 예컨대 집에 도둑이 든 상황에서 도둑을 내쫓으려다 도둑이 상처를 입었다면 범죄 구성요건은 충족하지만 정당방위가 인정될 경우 죄가 되지 않기 때문에 처벌할 수 없다.

3 범죄에 대한 책임

만 14세 미만인 형사상 미성년자나 심신상실자, 강요된 행위, 정당한 이유가 있는 법률의 착오 등의 범죄는 범죄로 인정되지 않는다.

4 범죄의 처벌 조건

행위자의 특수한 신분적 관계로 형벌권이 발생하지 않는 경우 처벌할 수 없고, 기소되었으면 '형의 면제' 판결을 한다. 헌법 제45조에 의해 국회의원은 국회에서 직무상 행한 발언과 표결에 대해 국회 외에서는 책임을 지지 않는다. 친족도 특수한 신분이다. 형법에는 친족상도례라는 게 있다. 직계혈족, 배우자, 동거친족, 동거가족 또는 그 배우자 사이에 절도죄, 사기죄, 공갈죄, 횡령죄, 배임죄, 장물죄 등을 범했을 경우 이에 대한 형을 면제하

는 것이다. 예컨대 같이 사는 부모의 돈을 훔치면 친족상도례에
의해 처벌할 수 없지만, 친족상도례가 모든 형사범죄에 적용되
는 것은 아니기 때문에 간혹 처벌이 되는 경우도 있다.

5 특별한 범죄에 있어 공소를 제기하는 데 필요한 소송요건

예컨대 친고죄에 있어서 '고소'(형법 제311조, 제312조 제1항 모욕
죄), 반의사불벌죄의 '피해자의 명시한 의사'(형법 제260조 제1항,
제3항 폭행죄) '고발'(독점규제 및 공정거래에 관한 법률 제71조 불공정
거래행위 등, 조세범 처벌법 제21조 범칙행위) 등으로 위와 같은 요건
이 없을 경우 기소 전이면 '공소권 없음' 결정을, 기소 후에는 공
소기각 결정이나 판결을 한다.

일반적인 경우 대개 범죄의 성립요건과 처벌조건에 대한 사실
여부는 수사를 통해 확인되고, 검사가 기소하면 법원은 위 조건
들에 대해 사실과 법리를 검토하여 판결을 하게 된다. 따라서 수
사의 주체인 검사나 경찰은 모두 위 범죄의 성립 및 처벌조건, 소
추요건 등을 염두에 두고 수사를 하게 된다. 수사의 객체인 고소
인, 피의자, 참고인도 위에 열거한 것들을 유념할 필요가 있다.

우리가 수사기관에 가서 진술할 기회는 입장에 따라 크게 3가
지로 볼 수 있다. 첫째 고소인으로서, 둘째 참고인으로서, 셋째
피고소인(수사절차에서는 통상 '피의자'로 칭한다)일 때다. 각자의 입

장이 다르고 각자에 따른 증거법상 법리가 다를 수 있다. 그렇기에 자신의 입장을 분명히 정하여 제대로 된 수사를 받아 자신의 권리를 보호받아야 한다.

피의자로서
수사 잘 받는 법

피의자가 되었다

괜찮을 줄 알았는데 상대가 고소를 했는지 경찰서에서 출두하라는 연락이 왔다. 혹은 피해자가 고소를 했다는 소문이 들린다. 이미 피해신고를 하여 경찰이 알고 있다는 것이다. 이럴 때 어떻게 해야 할까.

첫째, 일단 자신의 행동을 중지해야 한다. 선의든 악의든 상대방은 나를 감시하고 나의 모든 것을 담고 있다고 생각하라. 이제는 모두가 스마트폰을 갖고 있어 실시간으로 녹화되고 녹음이 되어 꼼짝달싹 못하는 증거가 나오기도 한다. 일단 하던 행동을 모두 중지하고 나 아닌 제3자가 내 주변에서 무슨 행동을 하고 있는지 등 주변을 살펴봐야 한다. 내가 한 행동이나 언어가 바로 녹음이 되어 불리해질 수도 있다.

둘째, 상황을 정리해본다. 지금까지 상대방(대개는 피해자)과의 관계에 대해 메모를 해보고 드러나지 않은 상황의 증거도 수집해본다. 증거가 없으면 사실도 없기 때문이다. 그간 진행된 내용을 메모해보면 나의 사정과 상대방의 전략을 짐작할 수도 있다.

셋째, 전문가의 자문을 구해 전략을 짠다. 사건이 비교적 단순하고 상식적인 일이라면 전문가가 필요 없지만 그렇지 않더라도 좀더 경험이 많거나 전문지식이 많은 사람의 자문을 구하는 것이 좋다. 그다음, 전략에 따라 행동해야 한다. 특히 사안이 복잡해 전문지식이 필요한 경우 꼭 전문가의 자문을 구해야 한다. 통상 전문가라면 법률지식이 있는 변호사나 해당 분야의 전문가가 있을 것이다. 가능하면 비용이 좀 들더라도 더 전문적인 전문가를 구하는 것이 좋다. 전문의 정도에 따라 어떤 전문가에게는 보이는 것이 어떤 전문가에게는 보이지 않을 수도 있기 때문이다. 똑같은 바둑기사지만 서로 내다보는 수가 다른 경우와 비슷하다. 그래서 자문을 구할 때는 비용을 아끼지 말 것을 권하고 싶다. 큰돈을 들여 그 전문가를 대리인으로 선임할 것인가 여부는 그다음 문제다.

넷째, 전략을 실행하되 합의의 끈을 놓지 않아야 한다. 사안이 명백하거나 자신이 잘못한 것이 증거로 명백하지 않은데 가해자가 되어 있다면 피해자와 합의할 여지는 두는 것이 낫다. 판사나 검사는 양쪽 모두의 사정을 알 수 있는 입장이라 죄가 없다고 무조건 뻗대기만 할 수는 없다. 수사든 재판이든 진행되는 절차를 보면 본인은 억울하지만 판관은 다른 판단을 할 것으로 예상되는 경우가 많다. 그때 주장을 관철하기 위해 끝까지 주장만 하는 건, 주장이 받아들여지지 않을 경우 정상참작의 여지를 없애버리는 꼴이다. 그러니 상대방의 주장을 인정하거나 받아들여서가 아니라 정상참작의 여지를 두기 위해 합의하거나 공탁할 여지를 두라는 것이다.

아직도 마음이 아픈 사건이 있다. 신문기자가 한 공직자의 도박 동영상을 입수해 취재를 한 뒤 기사를 냈다. 이 공직자는 인터넷에 있는 기사를 내리려 백방으로 노력했고, 처벌을 피하기 위해 기자를 회유하려 했다. 그는 나중에 수억에 달하는 돈이 든 쇼핑백을 기자의 차 안에 두었다. 쇼핑백을 발견한 기자는 쇼핑백을 들고 바로 검찰에 가서 신고를 했다. 하지만 돈을 건넨 공직자는 기자가 자신에게 공갈해서 돈을 줬다고 진술했고, 검찰은 그 말을 믿었다. 기자에게는 공갈죄로 구속영장이 청구됐고 법원에 기소까지 되어버렸다. 기자는 조사과정에서 일관되게 범행을 부인했다. 만약을 위해, 관대한 처분을 해달라는 정상참작 주장도 하지 않았다. 1심에서 징역 1년 6개월의 실형이 선고되

Tip!
공갈죄와 강도죄의 차이

공갈죄는 재물 및 재산상의 이익을 객체로 하고, 폭행·협박을 수단으로 한다는 점에서 강도죄와 같다. 그러나 폭행·협박의 정도에서 공갈죄는 '공포심을 생기게 할 정도'이고 강도죄의 경우 '반항을 억압할 수 있을 정도'로 차이가 있다.

어 법정구속됐으며 항소심에서도 무죄만을 주장했다. 결국 대법원에서도 상고기각을 당했다. 합의는 하지 않더라도 받은 돈을 검찰에 신고했으니 관대하게 처분해달라고 주장했다면 실형까지는 가지 않았을 것이다.

피고소인의 입장과 권리

key point!

피의자의 권리

1) 진술 거부
2) 변호인 참여
3) 진술 내용 확인
4) 수사과정 기록
5) (장애인 등의 경우) 타인 동석
6) 미리 증거 조사

고소인은 범죄가 되는 고소사실로 피고소인이 처벌받기를 원해 고소한 것이다. 이렇게 고소를 당한 사람을 피고소인 혹은 피의자라고 말한다. 피고소인은 수사기관으로부터 혐의가 있다고 인정받기 때문에 피의자라는 명칭으로 불리게 된다. 피고소인이 되면, 뭔가 잘못한 죄인이라고 인식하는 경향이 있다. 그러나 피고소인이라고 너무 위축될 필요는 없다. 법치국가인 우리나라에서 서로 이해관계가 다른 사람들이 이해를 조정하기 위해 법이 정하는 절차를 시작한 것뿐이다. 더구나 헌법 제27조 제4항에서 '형사피고인은 유죄의 판결이 확정될 때까지는 무죄로 추정된다'고 선언하고 있고, 형사소송법 제275조의 2(피고인의 무죄추정)도 '피고인은 유죄의 판결이 확정될 때까지는 무죄로 추정된다'고 규정하고 있다.

다만 고소는 고소인이 피고소인에게 혐의가 있다며 고소인 자신의 진술뿐만 아니라 여러 가지 증거를 가지고 하는 것이다. 수사기관은 고소인의 고소에 대해 실체적 진실을 발견하여 답을 내놓을 필요가 있기 때문에 형사소송법 등은 강제수사 등 피고소인에게 약간은 불리한 규정을 두고 있다.

형사소송법은 제200조에서 참고인과 같이 '수사에 필요한 때에는 피의자의 출석을 요구'해 진술을 들을 수 있다면서, 만약 피의자가 고의로 협조하지 않을 때에는 강제적인 수사 방식인 체포영장, 긴급체포, 현행범인체포, 구속영장 등의 절차를 규정하고 있다. 그러니 피고소인은 그만큼 부담되는 자리기도 하다.

물론 형사소송법은 피의자의 인권을 보장하기 위하여 피의자에게 조사과정에서 여러 가지 권리를 보장하고 있다. 첫 번째, 피의자에게 진술거부권을 고지한다. 두 번째, 변호인 참여권을 보장하며 세 번째, 진술은 조서에 진술한 대로 기재하도록 하며 조서는 피의자에게 열람하게 하거나 읽어서 들려줘야 한다. 네 번째, 수사과정을 기록해야 한다. 다섯 번째, 특별히 보호를 요하는 자(장애인 등)는 피의자와 신뢰관계에 있는 자를 동석하게 하며, 여섯 번째, 필요에 따라 수사과정에 전문수사자문위원을 참여하게 한다. 일곱 번째, 증거보전의 청구다. 증거보전이란 통상적인 증거조사까지 기다리면 그 증거를 사용하기 곤란하다고 인정되는 경우 법원이 당사자의 신청에 의해 소송절차와는 별개로 미리 증거를 조사하는 것이다. 증거를 사용하기 곤란한 경우는 증거조사 자체가 곤란한 경우뿐만 아니라 증거의 가치에 변화가 일어날 가능성이 있어 증명력을 발휘하기 어려울 경우까지 포함한다. 예컨대 증거물이 훼손될 위험성이 있거나 증인이 사망에 이를 중대한 질병이 있거나 원상을 보존하기 불가능한 경우가 이에 해당된다. 하지만 증인이 진술을 바꿀 가능성이 있다며 청구하는 증인 신문은 허용되지 않는다.

위와 같이 피고소인, 즉, 피의자에게 보장된 권리가 행사되지 않은 채 작성된 피의자 신문조서, 진술서 등은 증거로 사용할 수 없다.

진술거부권을 행사하면 불리하지 않을까?

진술거부권 행사에는 양론이 있다. 죄가 있음에도 진술거부권을 행사하는 것은 피의자의 태도에 문제가 있다는 측도 있고 헌법 제12조가 보장하는 기본적 권리니 행사해도 된다는 입장이 있다. 진술거부권은 피의자의 인권 보장을 위해 필요한 권리지만 피의자가 실체적 진실을 밝히기를 거부하는 것이기에 양형에 전혀 영향을 미치지 않는다고 보기는 어렵다. 다만 진술거부권은 헌법상 기본권이기에 수사기관은 이를 보장하되, 피의자는 실체적 진실 발견에 장애가 되지 않는 범위에서 적절하게 행사해야 한다. 만약 피의자가 진술을 거부함으로써 죄가 밝혀질 수 없다면 이 또한 부

득이한 일이고, 다른 증거로 모두 죄가 인정되는데도 진술을 거부
해 실체적 진실을 밝히는 데 협조하지 않는다면 이 또한 다른 양
형참작 사유가 될 것이다. 따라서 피의자는 진술거부권을 적절히
사용하여 자신의 인권과 양형을 보장받을 필요가 있다. 한마디로
진술거부권은 함부로 사용할 것이 아니다.

조사관의 입장

여기서 조사관이란 수사절차에서 실제 수사를 하는 사법경찰리,
사법경찰관, 검찰수사관, 검사 등을 말한다. 이들에 대해 자세히
알아보는 이유는 이들의 입장을 생각해서 조사를 받는다면 피
의자로서 좀더 나은 조사를 받을 수 있기 때문이다.

조사관은 피고소인을 불러내어 고소인이 주장하는 고소사실
의 사실 여부를 잘 확인해야 하는 사람이다. 특히 피고소인에게
부여된 권한을 철저히 지켜줘야 한다. 그렇지 않다면 힘들게 작
성했던 조서가 증거능력이 없어 무용지물이 될 수도 있다.

사실 피고소인을 조사할 때쯤에는 고소인이나 고소인 측 참
고인 조사를 마친 뒤라 이미 고소사실, 즉, 고소인의 주장에 기
울어졌을 가능성이 크다. 그렇기에 피고소인은 조사관이 내게
비우호적이라고 느낄 수밖에 없다. 그렇다고 해도 일부러 잘못

된 판단을 내릴 조사관은 없을 것이라고 믿고 조사에 응해야 한다. 조사관은 고소인과 피고소인 사이의 진실 공방에서 좌우를 오가다 최종적으로 사실을 정리해 의견을 내야 하기 때문이다. 특히 검사가 아닌 조사관의 경우 검사의 지휘를 받기 때문에 이 의견을 검사가 확인한다는 걸 염두에 두고 조사를 진행한다. 그러니 조사관의 태도에 일희일비하지 말고 그들의 입장을 고려하면서 자신의 주장을 설득력 있게 펼칠 필요가 있다.

조사관 응대법

경찰의 경우 담당 경찰관이, 검찰의 경우 검사의 지시를 받은 조사관이 출석요구 전화를 하는 경우가 많다. 피고소인은 당연히 정중하게 응대해야 하며, 궁금한 사항, 특히 누가 고소를 했고 어떤 내용으로 고소를 했는지 등에 대해 물을 수도 있다. 대부분 친절하게 대답할 것이고 제한 사항이 있다면 이를 안내해줄 것이다.

검찰 조사관과 경찰 조사관은 크게 차이가 없다. 다만 경찰은 통상 담당 경찰관이 독자적으로 수사하는 것이 관행이고, 검찰은 검사실에서 검사 또는 조사관이 조사를 하는데, 조사관이 조사를 하는 경우 검사가 조사 내용을 지시하거나 보완하도록 하는 경우가 많다.

어떻게 대비해야 할까

사실 이미 전쟁은 시작되었다. 고소를 당해 피고소인이 된 입장에서 어떻게든 대응해야 하는 처지가 된 것이다. 물론 자신이 정말 잘못을 저질러 고소인에게 극구 사죄하고 배상해 용서를 받아야 할 처지가 될 수도 있다. 이때는 뭘 준비해야 될까. 이미 앞에서도 언급을 했고, 다른 부분에서도 대응 방법을 계속 말하겠지만 일반적인 얘기를 다시 한번 해보려 한다.

첫 번째, 잠깐 멈추고 한 발 뒤로 물러나 전체적인 그림을 보아야 한다. 왜 고소를 당하게 되었는지, 지금 뭘 할 수 있을지, 특히 고소인과의 관계에서 어떻게 처신할 것인지 생각해봐야 한다.

두 번째, 사건 경위를 정리하자. 일단 고소를 당한 본인이 내용은 가장 잘 알고 있을 것이고 만약 모르겠다면 수사기관에 고소장 열람을 요청하면 된다. 이에 대응해 최대한 자세하게 육하원칙으로 사건 경위를 정리하고 고소인이 어떤 것을 문제 삼고 있는지, 이에 대해 어떤 대응을 할지 정리한다.

세 번째, 쟁점을 확인하고 여기에 맞는 증거, 판례, 학술논문 등을 찾자. 사건을 정리하다 보면 고소인과 같은 내용의 사실도 있을 것이고 달리 말하는 사실도 있을 것이다. 그 사실이 이른바 쟁점이 되어 고소인과 피고소인 사이의 진위문제가 된다. 이때 이를 뒷받침할 수 있는 증거는 무엇인지 확인해 내용을 정리하거나 증거를 수집한다.

네 번째, 전략과 전술을 세우자. 사건이 정리되고 증거가 모아졌다면 피고소인은 어떤 행동을 할 것인지 답을 찾아야 한다. 이때는 변호사 등 전문가나 소송 경험이 있는 사람에게 조언을 구하는 것이 좋다.

이 과정에서 유의할 점이 있다. 무엇을 주장하려면 증거가 있어야 한다. 또한 사건보다는 진실이 우선이다. 진실을 모으는 데 시간이 필요하다면 조사 시기 연장을 검토해야 한다. 계속 말하지만 고소인과 화해 가능성을 염두에 두고 진행해야 한다. 물론 고소인의 일방적 주장일 뿐 피고소인이 잘못한 것이 전혀 없을 수 있다. 하지만 그럼에도 불구하고 법적 다툼이 아니라 말로 화해할 수 있다면 고소가 취소되어 각하 등으로 사건이 종결되기 때문에 시간을 낭비하지 않을 수 있다.

수사를 받기 전에 무엇을 준비해야 할까

▌조사의 시기

본인에게 가장 유리한 시간이 좋다. 사건을 정리하고 분석하는 데 시간이 필요할 수도 있고, 고소인과 합의를 보기 위해 시간이 소요될 수도 있기 때문이다. 하고 있는 것을 정리하는 데 필요한 시간을 확보한 뒤 조사를 받는 게 좋다.

수사는 임의수사(강제력을 행사하지 않고 수사 대상의 동의나 승낙을 받아 행하는 수사)가 원칙이라 조사관은 서면으로 출석요구서를 보내거나 전화, 팩스 등 기타 여러 방법으로 출석을 요구할 수 있다.

▌합법적으로 소환 일정을 연기 혹은 피할 수 있는 방법

전화나 서면 등을 통해 담당자와 시간을 조정하면 된다. 만약 아무런 연락을 주지 않거나 정당한 이유 없이 출석요구에 응하지 않을 경우 도주 염려 등으로 구속 및 체포 사유가 될 수 있다. 변호사 선임을 이유로 출석 일정을 연기할 수도 있다. 변호인 접견·참여 등 규칙에 의하면 '변호인 참여 신청을 받은 때에는 피의자 신문 일시·장소에 관하여 변호인과 협의하여야 한다'고 규정하고 있다. 이런 경우 가능하면 문서(수사기일 연장 신청서)로 연기를 하는 것이 좋다.

출석요구서

제 0000-000000 호

대상자 귀하에 대한 사건명 사건(접수번호:0000-000000)에 관하여 문의할 일이
있으니 0000.00.00. 00:00에 ○○과 ○○팀으로 출석하여주시기 바랍니다.

〈사건의 요지〉
 사건의 요지

〈구비서류 등〉
 1. 구비서류1
 2. 구비서류2
 3. 구비서류3

출석하실 때에는 이 출석요구서와 위 구비서류, 기타 귀하가 필요하다고 생각하
는 자료를 가지고 나오시기 바라며, 이 사건과 관련하여 귀하가 전에 충분히 진술
하지 못하였거나 새롭게 주장하고 싶은 사항 및 조사가 필요하다고 생각하는 사
항이 있으면 이를 정리한 진술서를 작성하여 제출하시기 바랍니다.

지정된 일시에 출석할 수 없는 부득이한 사정이 있거나 이 출석요구서와 관련하
여 궁금한 점이 있으면, 소속팀(☎ 000-0000-0000)에 연락하여 출석일시를 조정
하시거나 궁금한 사항을 문의하시기 바랍니다.

정당한 이유 없이 출석요구에 응하지 아니하면 〈형사소송법〉 제200조의 2에 따
라 체포될 수 있습니다.

0000.00.00.
소속관서

사법경찰관 │ 계급
사건담당자 │ 계급

수사기일 연장 신청서

수신: ○○○ 조사관님
　　　서울 서초구 반포대로 179 서초경찰서 수사과

발신: 노인수
　　　서울 서초구 서초중앙로 8길 25
　　　연락전화 010-0000-0000

제목: 수사기일 연장 신청서
발신인은 피고소인 A의 변호인으로, A가 2019. 00. 00. 00:00경 서초경찰서 지능2팀 사무실로 소환조사 통보를 받았으나, 다음과 같은 이유로 조사기일을 연기하여주시기 바랍니다.

다　음

1. 연기신청이유
발신인은 그날 광주광역시로 출장을 가 변론 업무를 수행할 수밖에 없어 시간을 내기가 어렵습니다.
• 첨부 #1 사건 일반내용
2. 요망 기일: 2019. 00. 00. 00:00경

2019. 00. 00.
발신인 노인수

▌사건 경위서

사건을 정리하고 분석해 대안을 마련하였으면 이를 의견서로 작성하거나 간단한 사건 경위서로 작성할 수도 있다. 특히 사건 경위에 대한 정리는 최종적인 것이라고 생각하며 증거를 모아 최선을 다해 준비하자. 그러면 조사를 받을 때, 간단한 사안의 경우 미리 의견서나 사건 경위서를 조사관에게 제출할 수도 있고, 조사를 받은 후에 보완하여 제출할 수도 있다. 사건 경위서를 작성할 때, 앞서 말했듯 조사관이 고소인을 미리 조사했다는 것을 염두에 두어야 한다. 조사관이 고소인 측 주장에 약간은 경도되었을 가능성이 있다는 것이다.

사건 경위서 작성 시 주의사항

- 육하원칙에 따라 고소인이 주장하는 것을 염두에 두고 간단 명료하게 정리하자. 특히 고소인과 다른 사실을 주장할 때 이에 대해 어떻게 변명할 것인지도 염두에 둔다.
- 다만 기억이 나면 나는 대로 나지 않으면 안 나는 대로 기재한다. 절대 억지로 기억하지 않아도 된다.
- 주장이나 사실에는 증거가 있어야 하며 증거가 없으면 인정받기 어렵다는 점을 염두에 두고 증거나 기타 자료 등을 최선을 다해 찾자.

- 가능하면 구성요건에 맞는 고소사실을 염두에 두고 사실 그 자체에 중점을 둔다. 의견은 조심스럽게 언급한다.

▌증거

증거가 없으면 사실도 없다는 것이 법조계의 중론이다. 주장을 하려면 이를 뒷받침하는 논리, 판례, 학설이 있거나 증거가 있어야 한다. 참고인 등 사람의 증언은 조사관의 추가 조사가 필요할 것이고 관공서에 사실을 조회할 부분도 있을 것이다. 피고소인이 준비할 수 있는 증거는 최선을 다해 수집해야 한다.

▌합의

사기, 상해 등 개인적 법익에 관한 사건의 경우 합의는 가장 중요한 양형 요소가 될 수 있다. 그리고 고소가 취소되면 조사관은 '각하' 처분을 할 수 있기 때문에, 즉, 더 구체적으로 조사를 하지 않고 사건을 처리하기도 하고 또 비교적 가벼운 처분을 할 수도 있기 때문에 합의는 당사자 모두에게 좋은 결과가 나올 가능성이 많다.

고소를 당했을 경우 경찰에서도, 검찰에서도 조사를 받을 가능성이 있지만 꼭 경찰과 검사에게 모두 조사받는 것은 아니다. 최근에는 검찰에 고소장을 제출하면 검사가 경찰에 수사 지휘를 해서 경찰이 수사에 들어가거나, 검찰청 내 조사과가 수사하는 경향이 있기 때문에 검사에게 직접 조사를 받을 가능성은 많이 줄었다.

경찰과 검찰은 둘 다 수사기관이고 두 곳 모두 피의자 신문조서를 작성하지만 증거법에서는 검사냐 검사가 아니냐에 따라 조서의 증거능력(증거가 될 수 있는 자격) 인정방법에 차이가 있다. 즉, 검사 이외의 주체가 작성한 피의자 신문조서는 진정성립(어떤 문서나 사실이 맞다고 확인해주는 것)과 피의자가 내용을 인정해야 증거능력이 있지만 검찰의 조사는 임의성이 있고 진정성립만 인정되면 증거능력을 갖는다. 따라서 검사가 아닌 주체가 작성한 신문조서는 추후에 내용을 부정하면 증거가 되지 않는다.

형사소송법 제312조의 제1항과 제3항
(검사 또는 사법경찰관의 조서 등)

① 검사가 피고인이 된 피의자의 진술을 기재한 조서는 적법한 절차와 방식에 따라 작성된 것으로서 피고인이 진술한 내용과 동일하게 기재되어 있음이 공판준비 또는 공판기일에서의 피고인의

진술에 의하여 인정되고, 그 조서에 기재된 진술
이 특히 신빙할 수 있는 상태 하에서 행하여졌음
이 증명된 때에 한하여 증거로 할 수 있다.

(중략)

③ 검사 이외의 수사기관이 작성한 피의자 신문
조서는 적법한 절차와 방식에 따라 작성된 것으
로서 공판준비 또는 공판기일에 그 피의자였던
피고인 또는 변호인이 그 내용을 인정할 때에 한
하여 증거로 할 수 있다.

자수를 해야 할까

자수란 범인이 자신의 범죄사실을 수사기관에 자발적으로 신고
해 심판을 구하는 의사를 표하는 것이다. 자백은 수사기관의 직
무상의 질문 또는 조사에 응하여 범죄사실을 진술하는 것을 말
한다. 자수는 형법 제52조 제1항에 의해 별도로 그 형을 감경 또
는 면제할 수 있고, 자백은 형법 제53조가 정하는 '범죄의 정상
에 참작할 만한 사유' 중 하나다. 그렇기에 조사 중 자백을 할 생
각이 있다면 조사받기 전에 미리 자수서를 작성해가서 조사관
과 우호적인 관계를 형성하는 것도 좋은 방법이다.

조사받는 날

조사 준비

1) 평온한 마음으로 진술할 준비를 한다.
2) 좋은 인상을 줄 수 있는 외양을 한다.
3) 시간과 장소를 미리 알아둔다.
4) 각종 서류를 준비한다.
5) 메모할 노트와 녹음기 등을 준비한다.

출석요구를 받은 뒤 조사를 받으러 가는 날이 됐다. 이때 준비해야 할 것이 몇 가지 있다. 첫째, 마음의 준비다. 죄가 있으면 있는 대로 없으면 없는 대로 제대로 진술하고, 그 마음이 조서에 나타나게 해야 한다. 그러려면 마음을 잘 추슬러 평온한 마음으로 과거를 더듬어보고, 군더더기 없이 간단명료하게 진술할 준비를 할 필요가 있다.

둘째, 몸의 준비다. 신언서판身言書判이라고 하지 않던가. 자신의 몸가짐, 옷차림, 머리 모양새 등도 미리 살펴 제3자가 보기에 거부감이 없도록 한다. 바쁘다고 아무 옷이나 입고 조사를 받으러 가면 제대로 된 대접을 받기 어렵다. 전혀 신경 쓰지 않은 모습으로 등장하면, 조사를 하는 조사관은 피고소인이 예의를 갖추지 않았다고 보기 때문이다. 그렇기에 겉모습은 조사관의 의식에든 무의식에든 영향을 미칠 수밖에 없다. 신중하게 최선을 다해 성실한 사람이라는 인상을 심어주어야 한다.

셋째, 시간과 장소에 미리 대비한다. 피고소인은 조사관과 자신이 조사받기 좋은 시간에 약속하고 여의치 않을 때는 연기 신청을 하여 미리 양해를 받아야 한다. 조사 당일에는 약속 시간보다 20분 내지 30분 먼저 도착해 조사관의 사무실을 확인하는 게 좋다. 약속 시간에 맞춰 왔지만 장소를 못 찾아 늦는 것에 대비하는 것이다. 시간이 남았다면, 주변에서 차를 마시며 자신의 입장을 정리해보면 된다.

넷째, 준비물을 준비해간다. 우선 신분증과 출석요구서를 챙겨라. 그리고 사건을 정리한 진술서나 사건 경위서가 있다면 그 서류, 그리고 자신의 주장을 뒷받침할 증거가 있다면 그 증거를 가지고 간다. 제출할 서류는 가능하면 2부씩 준비해 1부는 제출하고, 1부는 보관하면 된다. 통상 형사에서는 서류 원본을 제출한 뒤 사본을 보관하고, 민사에서는 서류 사본을 제출하고 원본을 보관한다.

다섯째, 메모할 노트나 녹음기 등을 준비한다. 최근 국가인권위원회와 서울지방변호사회 등은 '자기 변호 노트' 사용을 권고하고 있다. 위 노트는 조사받은 내용을 기록해 조사과정을 기억하고 이 노트를 변호 용도로 사용하도록 하기 위함이다. 그래서 피의자나 참여 변호인은 메모를 할 수 있도록 되어 있다. 서울지방변호사회 홈페이지나 서울지방경찰서 및 지역 경찰서 홈페이지에서 자기 변호 노트를 내려받을 수 있다. 자기 변호 노트에는 어떤 죄로 조사받는지, 조사자가 제시한 증거가 무엇인지, 자신은 어떻게 대답(진술)했는지, 대질을 했다면 대질자가 누구인지, 대질자가 어떤 말을 했는지, 자신이 제출한 증거가 있는지, 조사관이 제출하라는 자료가 무엇인지 등이 적혀 있다. 또한 수사지연, 신문방해, 수사기밀누설 등 수사에 지장을 초래하거나 다른 사람의 개인정보유출 등 사생활의 비밀 또는 자유를 침해하지 않는 선에서는 녹음도 가능할 것이다. 물론 법정에서는 재판장의 허가 없이는 녹음이 불가능하다.

조사를 받다

약속시간보다 10여 분 빨리 도착해 조사관에게 도착했다는 사실을 알리면 바로 조사에 들어갈 수도 있고, 대기실에서 대기하게 할 수도 있다. 어떤 경우든 조사가 시작되면, 조사관이 기본적으로 질문하는 사항들이 있다.

경찰의 범죄수사규칙 제68조에는 피의자에 대한 조사사항으로 아래와 같은 내용이 규정되어 있고 서식이 지정되어 있다.

범죄수사규칙 제68조

1 성명, 연령, 생년월일, 주민등록번호, 등록기준지, 주거, 직업, 출생지, 피의자가 법인 또는 단체인 경우에는 명칭, 상호, 소재지, 대표자의 성명 및 주거, 설립목적, 기구

2 구舊성명, 개명, 이명, 위명, 통칭 또는 별명

3 전과의 유무(만약 있다면 그 죄명, 형명, 형기, 벌금 또는 과료의 금액,

형의 집행유예 선고의 유무, 범죄사실의 개요, 재판한 법원의 명칭과 연월일, 출소한 연월일 및 교도소명)

4   형의 집행정지, 가석방, 사면에 의한 형의 감면이나 형의 소멸의 유무

5   기소유예 또는 선고유예 등 처분을 받은 사실의 유무(만약 있다면 범죄사실의 개요, 처분한 검찰청 또는 법원의 명칭과 처분연월일)

6   소년보호 처분을 받은 사실의 유무(만약 있다면 그 처분의 내용, 처분을 한 법원명과 처분연월일)

7   현재 다른 경찰관서 그 밖의 수사기관에서 수사 중인 사건의 유무(만약 있다면 그 죄명, 범죄사실의 개요와 당해 수사기관의 명칭)

8   현재 재판 진행 중인 사건의 유무(만약 있다면 그 죄명, 범죄사실의 개요, 기소 연월일과 당해 법원의 명칭)

9   병역관계

10   훈장, 기장, 포장, 연금의 유무

11   자수 또는 자복하였을 때에는 그 동기와 경위

12   피의자의 환경, 교육, 경력, 가족상황, 재산과 생활 정도, 종교관계

13   범죄의 동기와 원인, 목적, 성질, 일시장소, 방법, 범인의 상황, 결과, 범행 후의 행동

14   피해자를 범죄대상으로 선정하게 된 동기

15   피의자와 피해자의 친족관계 등으로 인한 죄의 성부, 형의 경중이 있는 사건에 대하여는 그 사항

16   범인은닉죄, 증거인멸죄와 장물에 관한 죄의 피의자에 대하

여는 본범과 친족 또는 동거 가족관계의 유무

17 미성년자나 피성년후견인 또는 피한정후견인인 때에는 그 친
권자 또는 후견인의 유무(만약 있다면 그 성명과 주거)

18 피의자의 처벌로 인하여 그 가정에 미치는 영향

19 피의자의 이익이 될 만한 사항

20 전 각호의 사항을 증명할 만한 자료

21 피의자가 외국인인 경우에는 제243조 각 호의 사항(아래)

1) 국적, 출생지와 본국에 있어서의 주거

2) 여권 또는 외국인등록 증명서 그 밖의 신분을 증명할 수
있는 증서의 유무

3) 외국에서의 전과 유무

4) 대한민국에 입국한 시기, 체류기간, 체류자격과 목적

5) 국내 입·출국 경력

6) 가족의 유무와 그 주거

진술거부권 및 변호인 조력권 고지 등 확인

1. 귀하는 일체의 진술을 하지 아니하거나 개개의 질문에 대하여 진술을 하지 아니할 수 있습니다.
2. 귀하가 진술을 하지 아니하더라도 불이익을 받지 않습니다.
3. 귀하가 진술을 거부할 권리를 포기하고 행한 진술은 법정에서 유죄의 증거로 사용될 수 있습니다.
4. 귀하가 신문을 받을 때에는 변호인을 참여하게 하는 등 변호인의 조력을 받을 수 있습니다.

문: 피의자는 위와 같은 권리들이 있음을 고지받았는가요?

답:

문: 피의자는 진술거부권을 행사할 것인가요?

답:

문: 피의자는 변호인의 조력을 받을 권리를 행사할 것인가요?

답:

이에 사법경찰관은 피의사실에 관하여 다음과 같이 피의자를 신문하다.

첫째, 일관성 있는 진술을 한다. 미리 사실관계를 정확히 정리해 자신의 입장을 분명히 한다. 어떤 경우든 적어도 사실관계만큼은 일관되게 진술한다. 일관성 없이 때에 따라 진술이 바뀌게 되면 조사관으로부터 신뢰를 받지 못할 뿐만 아니라 피의자의 모든 진술에 신빙성이 없어져 사실까지 의심받게 된다. 그래서 진실인 사실도 헷갈리면 거짓이 되고, 거짓도 일관되면 사실이 될 수 있다.

대법원 1993. 3. 9. 선고 92도2884 판결

위와 같은 피해자의 진술은 그가 피고인과 상반되는 이해관계를 가지는 자이며, 진술을 번복하거나 일관성이 없는 부분이 많고, 경찰, 검찰, 제1심법정에서 단계적으로 진술내용이 불어나면서 구체화, 합리화되어가고 있음에 비추어 보거나, 사람이 목격하거나 경험한 사실에 대한 기억은 시일이 경과함에 따라 흐려질 수는 있을지언정 오히려 처음보다 명료해진다는 것은 이례에 속하는 것임에 비추어 보아도(당원 1983.9.27. 선고 83도977 판결; 1984.11.13. 선고 84도22 판결; 1985.6.25. 선고 85도801 판결 등 참조), 그 신빙성이 의심스럽다고 아니할 수 없다.

둘째, 객관성이 있어야 한다. 증거가 합리적인지, 진술내용이 자연스러운지, 진술내용이 사회 통념에 비추어 수긍할 수 있는지, 논리칙과 경험칙에 부합하는지 등 진술은 통상인의 상식에 비춰 객관적이어야 하고 그렇지 않을 때에는 이를 뒷받침할 만한 충분한 근거가 있어야 한다.

대법원 1991. 11. 26. 선고 91도1956 판결

형사재판에 있어서 증거의 취사와 사실의 인정은 사실심법원의 자유심증에 의하는 것이기는 하나, 그렇다고 하여 객관성과 합리성을 결하여 논리칙과 경험칙에 반하는 증거취사나 사실인정까지 허용될 수 있는 것은 아니라 할 것이다.

원심은 피고인의 변소에 치우친 나머지 피고인으로부터 직접 폭행을 당한 경찰관인 위 서범석의 진술을 함부로 믿을 수 없다 하고, 그 밖에 판시와 같은 이유를 첨가하여 피고인에 대한 공소사실을 인정할 증거가 없다고 판단하였은즉, 결국 원심판결에는 논리칙과 경험칙에 어긋나는 증거취사로 사실인정을 그르친 위법이 있다.

피의자 신문 시 변호인이 하는 일

변호인은 피의자 신문에 참여해 조력자 역할을 한다. 다만 이 조력은 미국 영화에서처럼 변호인이 피의자 바로 옆에 앉아 질문마다 어떻게 답변할지 조언을 하는 것은 아니다. 변호인은 필요한 경우에만 조언을 한다. 변호인의 가장 큰 기능은 감시다. 조사관이 피의자의 인권을 존중해 법대로 조사하는지를 보는 것이다. 신문에 참여한 변호인은 신문 후 의견을 진술할 수 있다. 다만, 신문 중이라도 부당한 신문방법에 대해서는 이의를 제기할 수 있고, 검사 또는 사법경찰관의 승인을 얻어 의견을 진술할 수 있다. 특히 2018년 8월 13일부터 시행된 변호인 접견·참여 등 규칙 제12조(변호인의 조언과 상담)에서 '경찰관은 신문 중 특정한 답변 또는 진술번복을 유도하거나 신문을 방해하는 등 우려가 없는 한 피의자에 대한 변호인의 조언·상담을 보장하여야 한다'고 규정했기에 변호인은 과거보다 진일보한 조력권을 갖게 됐다.

다만, 수사기관은 신문방해, 수사기밀 누설 등 수사에 현저한 지장을 줄 우려가 있다고 인정되는 아래와 같은 경우 변호인의 참여를 제한할 수 있다.

- 경찰관의 승인 없이 부당하게 신문에 개입하거나 모욕적인 말과 행동을 하는 경우.
- 피의자를 대신하여 답변하거나 특정한 답변 또는 진술 번복을 유도하는 경우.
- 다만, 신문 중이라도 부당한 신문방법에 대하여 이의를 제기할 수 있고, 검사 또는 사법경찰관의 승인을 얻어 의견을 진술할 수 있는데 이를 부당하게 이의를 제기하는 경우.
- 피의자 신문 내용을 촬영·녹음·기록하는 경우. 다만, 수사기밀 누설이나 신문방해 등 우려가 없는 한 변호인의 메모를 보장하여야 한다.

피의자가 강제수사를 받는 경우

수사는 임의수사가 원칙이다. 그러나 임의수사 대신 신체의 자유가 제한된 상태에서 강제수사를 받는 경우는 크게 네 가지로 볼 수 있다. 현행범인으로 체포될 경우, 체포영장에 의해 체포될 경우, 긴급체포될 경우, 실질영장심사에 따른 구속영장에 의해 구속되는 경우다. 이때는 법적 요건에 따라 대처해야 한다.

우선 법원의 판단 없이 할 수 있는 현행범인 체포와 긴급체포의 경우를 살펴보려 한다. 물론 이 두 가지 경우도 체포 후 48시간 이내에 구속영장을 청구해야 하고 그렇지 못한 경우 석방시켜야 한다.

▌현행범인 등 체포

현행범인이거나 준현행범인은 누구든 체포할 수 있고 체포 후 검사나 사법경찰관에게 인도해야 한다.

형사소송법 제211조(현행범인과 준현행범인)
① 범죄의 실행 중이거나 실행의 즉후인 자를 현행범인이라 한다.
② 다음 각 호의 1에 해당하는 자는 현행범인으로 간주한다.
1. 범인으로 호창되어 추적되고 있는 때
2. 장물이나 범죄에 사용되었다고 인정함에 충분한 흉기 기타의 물건을 소지하고 있는 때
3. 신체 또는 의복류에 현저한 증적이 있는 때
4. 누구임을 물음에 대하여 도망하려 하는 때

제212조(현행범인의 체포)
현행범인은 누구든지 영장 없이 체포할 수 있다.

█ 긴급체포된 경우

장기 징역 3년 이상의 죄를 범했다고 의심되는 경우, 긴급을 요하여 체포영장을 받을 수 없는 경우, 검사 또는 사법경찰관이 체포하는 경우가 이에 해당된다.

형사소송법 제200조의 3(긴급체포)

① 검사 또는 사법경찰관은 피의자가 사형·무기 또는 장기 3년 이상의 징역이나 금고에 해당하는 죄를 범하였다고 의심할 만한 상당한 이유가 있고, 다음 각 호의 어느 하나에 해당하는 사유가 있는 경우에 긴급을 요하여 지방법원판사의 체포영장을 받을 수 없는 때에는 그 사유를 알리고 영장 없이 피의자를 체포할 수 있다. 이 경우 긴급을 요한다 함은 피의자를 우연히 발견한 경우 등과 같이 체포영장을 받을 시간적 여유가 없는 때를 말한다. 〈개정 2007. 6. 1〉
1. 피의자가 증거를 인멸할 염려가 있는 때
2. 피의자가 도망하거나 도망할 우려가 있는 때

체포와 구속은 어떻게 다를까

'체포'란 사람의 신체에서 행동의 자유를 빼앗는 것이고, '구속'이란 원칙적으로 법원의 구속영장에 의해 피고인이나 피의자를 강제로 일정한 장소에 가두어 행동의 자유를 빼앗는 것을 말한다. 체포와 구속 모두 이동의 자유를 빼앗는 것은 마찬가지나 체포는 구속보다 요건이 덜 엄격하다고 볼 수 있다. 수사를 위해 일정한 조건이 있으면 수사관이나 일반인(현행범인인 경우에 한함)이 일단 체포를 해 수사의 편의성을 도모하고, 신체의 구금이 계속 필요할 때는 피의자의 인권보장 등을 위해 판사의 구속영장 실질심사를 받아 구속 여부를 결정한다.

피의자의 구속 생활

피의자나 피고인이 구속되면 그때부터는 아래와 같은 일과표에 따라 생활한다. 그 안에서 할 수 있는 일들은 피의자 유치 및 호송규칙(경찰청 훈령 제883호)에 규정되어 있다.

유치인 표준 일과표

시간	일과내용	비고
07:00~07:30	기상, 세면 및 청소	
08:00~09:00	조식	인원 및 환자 발생 여부
12:00~13:00	중식	점검
18:00~19:00	석식	
21:30	취침	

- 유치장 질서유지 및 보안에 지장이 없는 범위에서 TV시청, 라디오 청취, 독서 등 자유롭게 행동할 수 있습니다.
- 타인의 생활에 방해가 되지 않도록 정숙해주십시오.

※ 기상·취침·식사 시간은 계절 및 경찰서 실정에 따라 변경 가능.
※ 인권침해의 우려가 없는 범위에서 경찰서 실정에 따라 인권친화적인 일과프로그램 운영 가능.

유치인에 대한 인권보장

1. 변호인의 선임을 요청할 수 있습니다.
2. 변호인 이외의 사람과도 접견(면회)이 가능하고 서류 기타 물건의 접수도 가능합니다.(단, 수사 또는 유치장의 보안상 지장이 있다고 인정되는 물건은 금지되고, 식량 및 의류품의 경우 규칙에 따라 위험물 등의 은닉 여부를 검사합니다.)
3. 접견 및 면회 시간은 평일 09:00~21:00, 일요일 및 공휴일 09:00~20:00이며 1일 3회, 1회 30분 이내로 할 수 있습니다.
   (단, 변호인의 접견은 제한 없음)
4. 편지를 쓰거나 받을 수 있습니다. 이 경우 변호인과의 서신을 제외한 나머지 서신은 형의 집행 및 수용자의 처우에 관한 법률에 따라 발송 및 수령이 제한될 수 있습니다.
5. 가족 및 친지에게 특별히 연락을 취하고자 할 경우 유치인보호관에게 요청할 수 있습니다.
6. 유치장 내에서 발병한 질병에 대한 치료를 요청할 수 있습니다.
7. 영치금의 한도 내에서 사식을 취식할 수 있습니다.
8. 여성의 경우 생후 18개월 이내의 유아에 대하여 대동을 신청할 수 있습니다.
9. 불편하거나 어려운 일이 있을 때에는 언제든지 구두 또는 서면으로 유치인 보호관이나 감독자에게 도움을 청할 수 있습니다.
10. 인권침해를 당했을 경우 경찰서 인권보호관(청문감사관) 및 경찰청 인권보호담당관(02-3150-2439)에 상담을 요청하거나 국가인권위원회에 진정할 수 있습니다.
11. 구속피의자, 피고인 등은 일정한 요건에 해당하는 경우 대한법률구조공단의 무료형사변호를 받을 수 있습니다.
    (상담전화 : 국번없이 132/ ○○지부 출장소 ○○○ - ○○○○)
12. 기타 필요한 사안은 유치인보호관에게 말씀하십시오.

접견

접견은 형사 절차에 의해 신체의 구속을 받고 있는 피고인이나 피의자와의 만남을 말한다. 경찰서 유치장의 경우 피의자 유치 및 접견규칙(경찰청 훈령 제883호)에 따라 평일에는 오전 9시부터 오후 9시까지로 제한된다. 다만, 원거리에서 온 접견 희망자 등 특별한 경우에는 경찰서장의 허가를 받아 오후 10시까지 연장이 가능하다. 토요일 및 일요일과 공휴일은 오전 9시부터 오후 8시까지로 접견 시간이 단축된다.

재판 중이지만 형을 선고받지 않은 미결수를 수용할 교정시설이 없을 때, 구치소를 대신하여 피의자를 수용하는 대용감방은 유치인 접견시간을 조정할 수 있다. 다만, 변호인의 접견 신청이 있을 때에는 접견을 제한하지 않는다. 유치인의 접견은 1일 3회 이내, 한 회당 30분 이내로 진행되기 때문에 접수 순서에 따라 접견자의 수를 고려해서 균등하게 시간을 배분한다. 물론 변호인과의 접견은 예외다.

경찰서에 설치된 유치장과 달리 구치소는 법무부 소관으로 구속된 사람과 재판 중인 미결수들을 구금하는 장소다. 형의 집행 및 수용자의 처우에 관한 법률 시행령에 따라 일부 지역에만 구치소가 설치되어 있고, 접견 시간은 구치소마다 조금씩 달라진다. 수용자 접견은 매일(공휴일 및 법무부장관이 정한 날 제외) 국가공무원의 근무시간 내에서 이뤄진다. 수용자의 접견시간은 회당 30분 이내로 동일하지만, 접견예약제를 시행하고 있다는 점이 다르다.

구속된 사람의 마음

필자는 구속되지 않아 구속된 사람의 마음을 모른다. 과거 검사 시절에는 많은 사람을 구속했고, 그때는 구속 기준에 따라 담담하게 법을 집행하기도 했다. 하지만 나중에 생각해보니 그들의 어렵고 슬픈 마음, 가족을 비롯한 주변 친지들의 생각을 깊이 헤아려보지 않고 법을 집행했다는 반성도 했다.

마침 필자가 변론했지만 구속된 사건의 피고인이 쓴 《유죄 받은 자의 변명》이라는 책을 보면, 구속된 사람의 마음을 조금은 짐작할 수 있을 것 같다. 이 사건의 피고인은 2심에서 항소 기각 선고를 받았고, 법정에서 직접 구속되어 구치소로 호송됐다.

법정 내 구치감으로 잡혀가던 순간

항소심 재판장이 무슨 말을 하고 있는지 알아들을 수가 없었다. 몇몇 단어는 그래도 어렴풋이 들려서 대답도 했는데 유독 판결문을 읽을 때는 귀가 멍했다. 판사의 목소리가 작은 탓도 있었고, 법정의 마이크 소리가 쟁쟁 울린 까닭도 있을 것이다. 귀를 쫑긋 세우고 고개를 좌우로 돌려보았지만 판사가 내뱉는 단어는 귓바퀴를 스치고 지나갈 뿐이었다.

"피고인, 할 말 있습니까?"

마지막 말은 똑똑히 들렸다.

못 들었으니까 다시 큰 소리로 읽어달라고 할까, 순간 엉뚱한 생각이 들었다. 곧 정신이 들었다. 법대의 높은 자리에 앉은 판사 세 사람이 검은 두루마기를 입고 나를 쳐다보고 있었다. 그 아래 속기사를 포함한 사람들 역시 검은 옷을 입은 채 나를 바라보고 있었다.

할 말이 없어야 할 것 같았다. 생각도 나지 않았다. 심정 그대로 대답을 뱉었다.

"없습니다."

말도 끝나기도 전에 세 명이 달려들었다. 그중 둘은 양쪽 팔을 사이좋게 나누어 붙들고 남은 하나는 방청석에 놓여 있던 내 가방을 들고 법정 우측의 작은 문으로 향했다. 설마 법정에 저런 문이 있는 줄은 꿈에도 몰랐다. 철로 만든 문이 재빨리 열리고 닫혔다. 마치 타임머신을 타고 순간이동을 한 것 같았다.

그곳은 법정 내 감옥, 구치감이었다.(구속 기소된 사람이 재판을 기다릴 때 대기하거나 법정 구속된 사람이 구치소로 가기 전에 잠시 머무는 공간이다.)

작은 문에 비하면 내부는 넓었다. 쇠창살 방 두 개가 절반을 차지하고 있고, 그중 한 방에는 노란 카키색 죄수복을 입은 자들이 사열종대로 앉아 있었다. 어림짐작으로 보건대 대략 스무 명이었다. 그들은 부동자세로 앉아서 기분 나쁘게 나를 쳐다보았다. 등줄기로 소름이 끼쳤다. 나를 끌고 온 사람이 앙칼지게 소리쳤다.

"넥타이 풀어."

너는 이제 명령을 받아야 한다는 어투였다. 꾸물거리며 타이를 풀어주었다.

"허리띠 풀어."

그는 이어서 구두와 양말까지 요구했다. 중앙에 있는 책상 앞으로 끌려갔다.

"갖고 있는 소지품 전부 꺼내서 책상 위에 올려."

주머니를 뒤져서 지갑과 라이터 등을 꺼내자 교도관이 큰 종이봉투에 쓸어 담고 테이프로 밀봉한 뒤 이름을 적었다. 내 가방에도 꼬리표가 붙었다. 두 명이 앞으로 다가와서 두 개의 쇠고랑을 손목에 걸었다. 또 한 명이 둘둘 만 흰색 줄을 내 몸에 친친 감았다. 그 방법이 흡사 군대 시절 인민군 생포 방법을 배울 때 익혔던 포승줄 매듭법과 같았다.

"저기 들어가 앉아."

구치감 교도관은 비어 있는 우리 안으로 나를 밀

어 넣었다.

여러 시간이 흘렀다. 그 사이 내가 앉아 있던 감옥 안으로 험상궂게 생긴 마흔 중반의 남자가 들어와서 욕지거리를 입에 달고 있었고, 20대 중반의 애송이도 두어 명 들어왔다.

"죄명이 머시랑께요?"

욕을 하던 마흔 중반의 남자가 물었다.

"나가 금년에 마흔일곱인디요잉, 빵에 한 오십 번 왔지라."

그가 내 눈치를 보며 조심스레 입을 뗐다.

"보아 하니 처음인 거 같은디."

그가 한숨을 푹 쉬었다.

"맘 편히 잡수소. 빵도 사람 사는 곳이랑께. 엄떤 놈들 말은 듣지도 마소, 다 거짓부렁이니께. 징역은 저거가 사는 기지. 믿을 건 자기랑께."

교도관이 조용히 하라고 주의를 주었지만 그는 씩 웃었다.

"아따 김 주임님 왜 이러시유? 빵 기초강의는 필요하당께."

너스레까지 떨며 그는 교도관을 '김 주임'이라고 불렀다. 김 주임의 어깨에는 말똥 모양 계급장이 하나 붙어 있었다.

"너 인마, 나간 지 두 달도 안 됐잖아? 왜 또 왔어?"

"아따 주임님, 나가 폭행밖에 더 있겄소?"

교도소를 제 집 드나들 듯하는 한 남자의 너스레 덕에 법정 구치감 분위기는 긴장감이 풀어졌다. 그러나 그도 잠깐, 김 주임이 구치감 문을 열며 명령했다.

"전부 나와서 한 줄로 서."

말똥 계급장을 단 십여 명의 간수들이 우르르 나오더니 죄수들을 굴비 엮듯 줄줄이 묶었다. 포박이 끝나자 우리 굴비들은 유리창이 검은 버스에 차곡차곡 쌓여서 동방구치소(가명)로 옮겨졌다.

구속 탈출 방법

앞에서 체포 또는 구속되는 여러 경우를 말했다. 그런데 이를 피하는 방법, 즉, 체포나 구속을 면하는 방법이 있다. 크게 두 가지로 볼 수 있는데, 첫 번째는 체포나 구속요건이 되지 않기 때문에 피할 수 있는 방법, 두 번째는 체포나 구속요건은 되지만 나중에 사정 변경을 이유로 혹은 조건을 붙여서 나가는 방법이다.

첫 번째 경우를 체포나 구속의 적부심사에 의한 석방이라 부른다. 체포 또는 구속된 피의자 또는 그 변호인, 법정대리인, 배우자, 직계친족, 형제자매나 가족, 동거인 또는 고용주는 관할법원에 체포 또는 구속의 적부심사를 청구할 수 있다. 적부심사는 법원이 피의자에 대한 구속을 심사하는 것이다. 적부심의 청구를 받은 법원은 청구서가 접수된 시간부터 48시간 이내에 체포 또는 구속된 피의자를 심문하고 조사 서류와 증거물을 조사한다. 만약 적부심사를 청구한 이유가 있다고 판단되는 경우, 즉, 구속이 위법이거나 부당하다고 판단되는 경우 피의자의 석방을 명한다.

두 번째 경우는 구속 보증금 납입 조건부 석방이라고 한다. 법원은 구속된 피의자(심사 청구 후 공소제기된 자 포함)에 대해 피의자의 출석을 보증할 만한 보증금의 납입을 조건으로 석방을 명할 수 있다. 다만, 아래에 해당되는 경우라면 석방될 수 없다.

석방이 불가한 경우

1 죄증을 인멸할 염려가 있다고 믿을 만한 충분한 이유가 있는 때.
2 피해자, 당해 사건의 재판에 필요한 사실을 알고 있다고 인정되는 자 또는 그 친족의 생명·신체나 재산에 해를 가하거나 가할 염려가 있다고 믿을 만한 충분한 이유가 있는 때.
3 위 석방 결정을 하는 경우에 주거의 제한, 법원 또는 검사가 지정하는 일시·장소에 출석할 의무 기타 적당한 조건을 부가

할 수 있다.

세 번째는 구속의 집행정지다. 법원은 상당한 이유가 있고, 급속을 요하는 경우가 아닐 때, 구속된 피고인을 유치장이나 구치소가 아닌 친족·보호단체 기타 적당한 자에게 부탁하거나 피고인의 주거를 제한하여 구속의 집행을 정지할 수 있다. 법원이 이런 결정을 내릴 때는 검사의 의견을 물어야 한다.

네 번째는 구속의 취소다. 구속 사유가 없거나 소멸됐을 때, 법원은 직권 또는 검사, 피고인, 변호인과 피의자의 법정대리인, 배우자, 직계친족과 형제자매의 청구에 의해 구속을 취소해야 한다.

의견서 제출

수사가 진행 중일 때 피의자나 그 변호인은 필요에 따라 조사관에게 증거를 제출하거나 의견서를 제출한다. 증거나 의견서를 통해 혐의를 벗을 방법을 찾거나 정상을 참작해 유리한 결과를 얻도록 조사관 등 여러 판단자를 설득하려는 것이다. 또, 피의자는 할 수 없지만 조사관은 진실을 파악하기 위해 할 수 있는 압수, 수색, 검증 등의 방법을 조사관에게 제시하는 것이기도 하다. 피의자가 혐의를 받는 대상자일 뿐 아니라 고소인의 문제 제기에 따른 실체적 진실 발견에 피의자와 조사관이 협조하여 정의를 실현해가기 위한 것이라고 볼 수 있다.

의견서

사건   서울서부지방검찰청 2018형제2034호 사기
피의자 A
고소인 주식회사 B

위 사건에 관하여 피의자 A의 변호인은 다음과 같이 의견을 말씀드리오니 억울함이 없도록 선처바랍니다.

다 음

1. 다툼이 없는 사실
피의자가 2012. 11. 23.경 피해자 C로부터 5,000만 원을 빌려 갚지 못한 것은 사실입니다.

2. 이 사건의 쟁점
첫째, 피의자가 처음부터 피해자 C에게 거짓말했는지.
둘째, 피의자가 처음부터 변제 능력이 없었는지.

3. 피의자와 이 사건 관계자들과의 관계
- 피의자는 세무공무원으로 40년간 재직했고 은퇴 후 주거지에서 연금으로 살아가고 있습니다.

- 피해자 C는 전부터 사채업을 한다고 알고 있었으며, 이번에 피의자가 돈을 빌리고 갚지 못한 원래 채권자로 현재 소재불명입니다.
- 상 피의자 D는 피의자와 동네 사랑방 친구로, 피의자가 C로부터 돈을 빌릴 때 입회인으로 갔다가 연대보증인으로 내몰리고 있는 사람입니다.
- 고소인인 주식회사 B는 C의 채권자라고 하는데 일면식도 없고 이 회사의 직원이라는 E가 피의자에게 가끔 채무변제를 독촉해오고 있습니다.

4. 이 사건 발생 경위

가. 아들 F의 돈 차용 요구

2012. 11. 19.경 서울에서 사업을 하는 피의자의 둘째 아들인 F가 피의자의 집에 찾아와 "이번 달에 다른 사업체에 갚아야 할 돈과 직원 월급 밀린 것까지 포함한 돈이 1억 원가량 됩니다. 적어도 7,000만 원은 있어야 우선 급한 불은 끌 것 같은데, 아버지가 이번에 6,000만 원만 갚아주십시오. 이제부터 절대 돈 달라는 말은 하지 않을게요. 이번에 갚지 않으면 고소되어 징역을 살 것 같아요. 빌려주시면 내년 말까지 꼭 갚을게요"라고 6,000만 원만 빌려달라고 사정해 피의자는 평소 말썽 없이 잘 자라온 아들의 말을 들어줄 수밖에 없다고 생각했습니다. 당시 피의자 수중에 1,000여만 원 정도 있었고 2013년 2월 말이면, 전에 고향 사람인 G에게 빌려준 돈 3,000만 원을 받기로 한 상태라 다른 사람에게 5,000만 원쯤 빌리면 나중에 원리금을 갚는 데 문제가 없을 거라 생각했습니다.

• 증 제1호 예금거래내역(H은행, 피의자 A)

나. 피해자 C에게 금 5,000만 원 차용 요청 및 차용증서 작성

- 피의자는 처음에 은행을 알아봤습니다. 평소 거래하던 H은행 수서지점 담당자에게 피의자의 집(2010년 5억 원에 매수함)을 담보로 얼마까지 돈을 빌릴 수 있냐고 확인하니 현재 집

을 담보로 2,000만 원밖에 대출이 안 된다고 했습니다. 그래서 5,000만 원은 되지 않을까 예상했다가 빗나가 당황하는 사이 전에 알고 있던 사채업자인 피해자 C가 생각났습니다.

- 2012. 11. 23.경 피의자는 ○○시 ○○동에서 사채업을 하는 C를 찾아갔습니다. 그때 동네 사랑방 친구인 상 피의자 D와 I가 집에 같이 가자고 와 있어서 필요하면 그들이 입회인이 될 수도 있을 것 같아 같이 가자고 했습니다.

- 그날 피의자는 C를 만나 5,000만 원만 빌려달라고 했습니다. 그랬더니 C는 "A씨를 믿고 5,000만 원을 빌려주되, 이자는 월 4부고 약 6개월 쓰다가 갚아줘야 한다. 집을 담보로 내놓아라. 누가 연대보증으로 서야 한다"고 했습니다.

그러면서 아래와 같은 내용의 백지 차용증서를 내놓고 차용되는 내용을 기재하라고 해 피의자가 해당되는 부분은 모두 기재했습니다.

• 증 제2호 차용증(2012. 11. 23. C, A)

차 용 증 서

차용인 성명: A
차용금액: 5,000만 원
변제기일: 2013년 5월 23일
이자: 월 4부
대여금 입금 계좌: H은행 번호_000-000-000000
　　　　　　　예금주 A

조건: 차용인은 소유 부동산에 차용금의 150%를 채
권최고액으로 하여 일주일 이내에 근저당권 설정을
해준다.

차용인은 위 차용금액을 차용하고 변제기일에 틀림
없이 변제할 것을 약속합니다.

차용 날짜: 2012년 11월 23일
차용인 성명: A 인
주민등록번호: 000000-0000000
주소: 경기도 ○○시 ○○구 ○○로 ○○길 ○○○
전화번호: 010-0000-0000

연대보증인 성명: D 인
전화번호: 010-0000-0000

C 귀하

위 차용증서에 내용을 모두 기재한 후 도장이 없다고 하니까 C
가 피의자에게 서명하고 무인하라고 하여 무인을 해주었습니다.

그러고는 그날 같이 갔던 상 피의자 D는 피해자 C의 요구에 따라 위 차용증서의 연대보증인란에 이름을 C에게 대신 적게 하고 도장을 찍게 됐습니다. 그런데 당시 피의자는 D가 연대보증인으로 도장을 찍은 건지는 모르고, 입회인으로 찍은 것으로 알았습니다.

다. 5,000만 원 차용 및 근저당권 설정

그날 C는 피의자에게 한 달 선이자 금액을 뺀 4,800만 원을 위 차용증서에 써준 피의자 계좌로 송금했습니다. 그래서 피의자는 가지고 있는 돈을 포함해 총 6,000만 원을 아들에게 송금했습니다.

같은 달 25일경 C가 피의자에게 집에 있는 등기필증을 갖고 ○○동 ○○역 주변에 있는 법무사 사무실로 나오라고 하여 그곳에서 근저당권 채권 최고액을 7,500만 원으로 하고 저당권자를 C로 하는 저당권을 설정하여주었습니다.

• 증 제3호 등기사항 전부증명서(○○동 000-00)

라. 이자 계속 변제

- 그 후 피의자는 C에게 연금으로 받은 돈 등에서 매달 200만 원씩 어렵게 마련해 갚았습니다.

- 2013년 4월이 되자 C가 피의자에게 원금변제를 요구했으나 응하지 못했습니다. 당시 집을 팔려고 해도 팔리지 않았고, 사실 판다고 해도 대출금 등을 빼면 얼마나 돈을 건질 수 있는지 걱정이 되는 상태였습니다. 더군다나 3,000만 원을 갚기로 한 G는 소재불명이 되어 찾을 길이 없었습니다. 돈을 빌려간 아들에게도 사정했으나 묵묵부답이라 갚지 못했습니다.

• 증 제1호 예금거래 내역(H은행, A)

마. 고소인의 원금변제 촉구

- 2018년 1월 말경 채권자 C의 채권추심 수임인이라는 E가 피의자에게 전화를 했습니다. 자신은 "C의 채권추심 수임인"

이라며, A에게 "이제 자신들에게 이자도 갚고 하루 속히 원금도 갚으라"고 말했습니다. C 명의의 채권추심 위임장 사진을 문자로 보내주고, 전화번호와 계좌번호를 가르쳐줬습니다. 그래서 피의자는 이자를 몇 번 냈습니다.

- 그러다 2018. 6. 25.경 피의자에게 고소인 명의로 내용증명 우편이 왔습니다. "2018. 7월 말까지 원리금을 합한 7,000만 원을 모두 갚아라. A씨는 원래 2013. 4.경까지 원금을 갚기로 했는데 원금은 한 푼도 갚지 않고 이자만 몇 번 갚다가 갚지 않았다. 연대보증인인 D도 A의 채무에 같이 책임을 져야 하는데 전화를 해도 엉뚱한 소리만 하고 주소를 가르쳐달라고 해도 가르쳐주지 않는다. 이런 식으로 나가면 두 사람을 다 사기죄로 고소하겠다"는 취지였습니다.

• 증 제4호 내용증명(2018. 6. 25. 주식회사 B, A, D)

바. 고소인 회사 E의 협박 전화

그러다 며칠 후부터 E가 피의자에게 밤낮으로 전화를 했습니다. 요지는 "지정한 날짜까지 돈을 갚지 않으면 가만두지 않겠다. 서울에 있는 아들 회사 앞에 가서 플래카드를 걸고 악덕 기업주라고 소문을 내겠다. 정 안 되면 A씨의 막내아들을 납치해서 혼을 내주겠다"는 것이었습니다.

그래서 피의자는 그때마다 "수중에 있는 돈 1,000만 원이라도 갚으면 되지 않냐. 나머지는 집이 팔리는 대로 주겠다"고 사정을 했습니다. 그랬더니 E는 "1,000만 원은 안 되고 적어도 원금 5,000만 원 이상을 갖고 와야 한다. 그 이하로는 합의할 수 없다. 조만간 고소하겠다"고 거절했습니다. 하지만 아무리 빚진 죄인이라고 해도 E의 행위가 너무한 것 같아 협박전화를 몇 번 녹취했습니다. 그래도 피의자는 고소될 때까지 이자를 내왔습니다.

• 증 제5호 녹취서(E-A)

사. 고소인을 위한 2,000만 원 공탁

지난 25일경 수중에 있는 돈과 형제들에게 빌린 돈을 합해 도합 2,000만 원을 고소인을 위해 공탁하기도 했습니다.
• 증 제6호 공탁서(2018. 11. 25. A, 주식회사 B)

5. 피의자는 변제의사가 있었습니다.
피의자는 지금까지 거짓말한 적이 없습니다. 나중에 사정이 어려워 약속을 지키지 못하게 됐을 뿐입니다. 이자를 계속 냈고 또 최근에는 공탁을 2,000만 원 했습니다.

대법원 2018. 8. 1. 선고 2017도20682 판결[사기]

사기죄의 주관적 구성요건인 편취의 고의는 피고인이 자백하지 않는 한 범행 전후 피고인의 재력, 환경, 범행의 내용, 거래의 이행과정, 피해자와의 관계 등과 같은 객관적인 사정을 종합하여 판단하여야 한다.(대법원 1996. 3. 26. 선고 95도3034 판결 등 참조) 민사상 금전대차관계에서 채무불이행 사실을 가지고 바로 차용금 편취의 고의를 인정할 수는 없으나 피고인이 확실한 변제의 의사가 없거나 또는 차용 시 약속한 변제기일 내에 변제할 능력이 없는데도 변제할 것처럼 가장하여 금원을 차용한 경우에는 편취의 고의를 인정할 수 있다.(대법원 1983. 8. 23. 선고 83도1048 판결 등 참조)

6. 피의자는 변제능력이 있었습니다.
피의자는 대출이 3억5,000만 원가량 있긴 해도 시가 5억 원가량의 집을 소유하고 있었고 또 소외 G에게 빌려준 돈 3,000만 원이 있었습니다. 부동산 가격이 하락하지 않았고 위 G가 돈을 갚았다면 대출금 원금을 갚는 데 문제가 없었습니다. 그런

데 피의자가 소유하던 집의 시가가 폭락하고 또 G가 도망가는
바람에 갚지 못했을 뿐입니다.

대법원 2005. 11. 24. 선고 2005도7481 판결[사기]

사기죄의 주관적 구성요건인 편취의 범의는 피고인
이 자백하지 않는 이상 범행 전후의 피고인의 재력,
환경, 범행의 내용, 거래의 이행과정 등과 같은 객관
적인 사정 등을 종합하여 판단할 수밖에 없고(대법원
1998. 1. 20. 선고 97도2630 판결, 2004. 12. 10. 선고 2004도
3515 판결 등 참조), 물품거래 관계에 있어서 편취에
의한 사기죄의 성립 여부는 거래 당시를 기준으로
피고인에게 납품대금을 변제할 의사나 능력이 없음
에도 피해자에게 납품대금을 변제할 것처럼 거짓말
을 하여 피해자로부터 물품 등을 편취할 고의가 있
었는지의 여부에 의하여 판단하여야 하므로, 납품 후
경제사정 등의 변화로 납품대금을 변제할 수 없게
되었다고 하여 사기죄에 해당한다고 볼 수 없다고
할 것이다.(대법원 2003. 1. 24. 선고 2002도5265 판결 등
참조)

7. 수사 요망 사항

가. 참고인 I(전화번호 010-0000-0000, ○○시 ○○동 000-00) 소환
조사 요망
2014. 11. 23.경 피의자가 C에게 돈을 빌릴 때 입회한 사람입
니다. 당시 피의자 A가 어떻게 연대보증인으로 D를 세웠는지,
피의자 A의 평소 행실이나 경제능력, 신용, 피의자 D의 역할
등에 대해 조사해주시기 바랍니다.
• 증 제7호 진술서(2018. 12. 2. I)

나. 참고인 G 소재추적조사 요망

피의자는 G에게 3,000만 원을 빌려준 사실이 있습니다. 그런데 G의 소재를 알지 못해 그에 대한 확인이나 변제 약속 등을 받아내지 못하고 있습니다.

위 G의 전화번호는 원래 010-0000-0000이므로 이 번호를 통신사에 확인해 주민등록번호와 소재를 추적해서 G를 참고인으로 조사해 피의자의 주장이 사실인지 여부를 확인해주시기 바랍니다.

8. 결론

피의자가 남의 돈을 쓰고 갚지 않은 것은 잘못되었습니다. 그래서 집을 좀 싸게라도 팔려고 전부터 부동산에 내놓았지만, 요새는 집을 보러 오는 사람마저 전혀 없습니다. 일부러 돈을 갚지 않으려고 한 것은 아니니 관대한 처분을 해주시기 바랍니다. 나머지 3,000만 원도 최선을 다해 갚겠습니다.

감사합니다.

첨부 서류

1. 증 제1호 예금거래 내역(H은행, A)
1. 증 제2호 차용증(2012. 11. 23, C, A)
1. 증 제3호 등기사항 전부증명서(○○동 000-00)
1. 증 제4호 내용증명(2018. 6. 25. 주식회사 B, A, D)
1. 증 제5호 녹취서(E-A)
1. 증 제6호 공탁서(2018. 11. 25. A, 주식회사 B)
1. 증 제7호 진술서(2018. 12. 2. I)

2019년 ○○월 ○○일

작성인 A

서울 서초경찰서장님(수사관 J님) 귀중

재판을 가게 됐다면

공소장 혹은 약식명령이 날아왔다. 통상 공소장이나 약식명령이 날아오기 전에 수사기관이 수사를 하고 있는 것을 알았고 본인도 조사를 받았을 것이므로 대충은 기소될지, 불기소될지 짐작을 할 수 있을 것이다. 다만 피고소인이 되어 범죄혐의가 없다고 생각했는데 기소장이 오면 무척 당황할 것이다. 이에 대해 장황하지만 《유죄 받은 자의 변명》에 나온 피고인의 이야기를 들어보자. 그는 무혐의를 확신했다가 공소장을 받아 얼마나 당황했던지 분노하는 모습을 보이고 있다.

참고로, 기소된 피의자는 이때부터 피고인이라 불린다.

기소된 피고인의 이야기

기소

노인수 변호사가 보내온 공소장을 출력했다. 이미 전화상으로 들은 내용이었으나 혹시나 하는 마음으로 공소사실을 읽어 내려갔다. 떨림도 잠시, 공소장에는 내가 사기꾼임이 적시되어 있었다.

피고인은 재단법인 ○○○○재단의 이사장이자 서울 ○○구 ○○동 산 13-6에 있는 명문사(가명)의 주지인 피해자 청강(가명)이 위 재

단법인 소유의 서울 ○○구 ○○동 산 13-6, 13-7, 13-8 임야(이하 '이 사건 부동산'이라 한다)가 공원지역으로 지정되어 있어서 위 명문사의 합법적인 증개축이 불가능할 뿐만 아니라 각종 행정상의 규제로 인하여 어려움을 겪고 있다는 것을 알게 되었다.

피고인은 2012. 6. 25.경 위 명문사에서 피해자에게 "이 사건 부동산에 사찰을 지을 수는 없지만 민간공원으로 추진하는 것은 가능하다. 나에게 1억 5,000만 원을 주면 당신이 민간공원 시행자로 지정받아 이 사건 부동산에 박물관 등을 건축할 수 있도록 필요한 허가를 다 받아주겠다. 그러면 나중에 박물관 1층을 법당처럼 쓸 수도 있지 않겠느냐"는 취지로 거짓말을 하였다.

그러나 사실은 피고인은 건설업에 종사하고 있을 뿐 민간공원 사업과 관련한 아무런 지식이나 경험이 없어서 피해자를 민간공원 추진자로 지정받게 하여 박물관을 건립할 수 있게 해줄 의사나 능력이 없었으며, 용역비 명목으로 돈을 받아 자신의 생활비 등으로 사용할 의사였을 뿐이었다.

피고인은 이와 같이 피해자를 기망하여 이에 속은 피해자로부터 용역비 명목으로 피고인 명의의 ○○은행 계좌로 1억 원을 송금받았다. (중략)

손이 부르르 떨렸다.

'이건 공소장이 아니야. 공갈협박서야.'

공소장을 북북 찢어서 쓰레기통으로 던지고 담배 한 대를 피워 물고 방바닥에 벌렁 누웠다.

여검사의 얼굴이 떠올랐다. 참 맹랑한 검사였다. 범행의도를 찾지 못해서 아무래도 난처했겠지. 그런데 어떻게 이런 없는 말을 지어낼 수 있는 걸까? 고소인도 아니라고 인정한 내용을 버젓이 사실로 둔갑시켜 공소장에 적은 이유는 무엇일까? 명백하다고 판단되는 내용에 토대를 둔 게 아니라면 이건 공소장이 아니라 공갈협박서에 불과했다. 돈을 다 토해내라는 공식적 협박서!

보다시피 공소장을 받으면 우선 당황할 수밖에 없다. 하지만 그럼에도 불구하고 모든 상황을 인지하고 차분하게 준비할 수밖에 없다.

첫째, 확증 편향confirmation bias이라는 개념을 염두에 두고 사건을 객관화할 필요가 있다. 보통 사람들은 자신의 생각이나 신념을 그대로 확인하려는 성향을 갖고 있다. 그래서 자신이 보고 싶은 것만 보고 증거 수집을 할 때도 자신에게 유리한 것만 고른다. 그러다 보니 다른 쪽에서 본 상황을 무시하거나 그 가치를 과소평가해 일을 그르칠 수도 있다.

과거 필자가 선거를 준비할 때의 일이다. 필자는 선거의 주인공이고 법률가다 보니 선거법도 나를 기준으로 생각했다. 선거 사무실에 부스를 설치하고 자원봉사자들에게 당원 모집 등을 하게 했다. 그런데 당원 모집 행위는 자칫 잘못하면 선거운동이 될 소지가 있었다. 출판기념회도 마찬가지다. 보통 선거 후보자들이 출판기념회를 빙자해 선거운동을 하는데, 통상적으로 출판기념회는 출판사에서 주최하는 형식이다. 실제로는 후보자 측에서 모든 것을 준비하는데 그 준비가 잘못되면 선거운동으로 볼 수 있는 여지가 너무 많아진다. 이런 경우를 대비해 별도로 법률참모를 두거나 제3자에게 체크하도록 해야 한다. 허나 스스로 판단을 할 수 있다 보니 별문제가 없을 거라고 생각했다. 적어도 법적인 사안에 대해서는 제3자의 객관적인 검토를 거치지 않은 것이 후회가 됐다.

둘째, 재판에 필요한 원칙과 기술을 염두에 두어야 한다. 지금까지는 조사관을 설득했지만 이제는 재판부를 설득해야 한다. 어떻게 하면 그들이 나의 주장과 증거를 받아들일지 고민해야 한다. 그렇기에 형사 소송절차나 증거법 등에 대한 나름대로 지식과 경험 등을 공유할 필요가 있고, 필요하면 전문가의 자문을 얻거나 전문가에게 소송을 위임하여야 한다.

셋째, 가능하면 모든 것을 객관화할 필요가 있다. 다른 사람은 이 사안을 어떻게 생각하는지, 어떻게 재판부를 설득할 것인지 끊임없이 고민해야 한다. 말처럼 쉬운 일은 아니지만 계속 고민해야 할 일이다.

얼마 전 재판에서의 일이다. 의뢰인 입장에서도, 필자 입장에서도 사건의 상황이 논리상 무리가 없어 무죄가 선고돼야 한다고 생각했다. 그래서 의뢰인의 주장과 관련된 모든 증거를 내놓으며 극구 무죄라고 주장했다. 하지만 1심에서도, 2심에서도, 상고심에서도 주장을 받아들이지 않았다. 필자는 분개해서 이는 자유심증주의(형사소송법 제308조, 증거의 증명력은 법관의 자유판단에 의한다)의 횡포가 아니냐며 헌법 소원까지 생각했다. 얼마 뒤 친구들과 등산을 하며 이 사건을 이야기했다. 한 친구에게 네가 판사라면 어떻게 하겠냐고 물었더니, 그 친구가 두 말 않고 유죄를 주겠다고 했다. 그제야 그럴 수도 있겠다는 생각을 하게 됐다. 정말 만 분의 일이라도 유죄의 여지가 있었구나 싶었다. 전반적인 분위기의 문제였는지 내 주장에 논리적인 오류가 있었는지는 모르겠다. 어쨌든 나의 주장이나 논리에 너무 취해 객관성을 잃어버리고, 주변을 읽지 못한 건 아니었나 반성을 하게 됐다.

넷째, 사실관계와 증거를 재정리하는 것이다. 이미 수사과정에서 그런 노력을 했겠지만 수사기록을 볼 수 있는 상태에서 다시 한번 사실관계를 정리하고 증거를 수집해 정리하는 게 좋다. 그리고 이를 기반으로 공들여서 의견서를 작성해야 한다.

다섯째, 새로운 주장과 논리 그리고 증거를 찾아내는 것이다. 수사과정에서 나온 주장이나 증거는 이미 검사나 경찰관, 고소인이나 고소인의 소송대리인인 변호사, 체포영장이나 구속영장 신청의 경우 판사까지 검토했다는 것을 전제해야 한다. 그럼에도 기존 주장과 논리를 뛰어넘는 새로운 증거가 나올 수 있는지, 증거의 새로운 면을 부각할 여지는 없는지 생각해봐야 한다. 이미 같은 주장과 논리 그리고 증거 사이에서 무혐의가 아닌 기소

의견으로 공소가 제기되었는데 무죄를 받는 건 쉽지 않기 때문
이다.

재개발 정비사업을 돕는 도시정비관리업체 대표이사가 있었
다. 그는 한 지역의 정비사업을 맡고 있었는데, 사업 진행 도중
조합원들로부터 조합장과 함께 고소를 당했다. 재개발 정비 과
정에서 구역에 포함된 한 사찰에 과다한 보상금을 지급했고, 추
가 부동산을 싼값에 구입했다는 업무상 배임 혐의였다. 그는
1심에서 유죄를 받았고, 나는 항소심부터 참여하게 되었기에 어
떻게든 돌파구를 마련해야 했다. 1심에서 제출했던 주장이나 증
거 외에 무언가 더 있어야 했다. 궁리 끝에 새로운 주장, 즉, 추
가 부동산 구입은 조합 문제 해결 과정에서 구입한 것이고 같은
지역에 있던 사찰이 받은 보상금이 교회가 받은 보상금보다 많
은 것도 아닌 점, 조합장이 사익을 취한 바도 없고 협상을 통해
문제를 해결하려다 보니 위와 같은 보상금 등이 지급되었다는
점, 협상을 하지 않고 원칙대로 하면 시일이 걸려 도리어 조합에
손해가 된다는 주장 등을 넣었다. 조합장의 '경영상 판단'을 새
로 주장하게 된 것이다. 경영상 판단을 하다 보면 성공할 수도
실패할 수도 있고, 조합장이 사심邪心이 없다면 설사 손해가 생
겨도 처벌을 할 수 없다. 그때까지 나오지 않았던 전 도시정비관
리업체 대표를 증인으로 세우고, 경영상 판단에 무죄를 선고한

대법원 판결(2015. 3. 12. 선고 2012도9148)도 제시했다. 재판부는 경영상 판단 주장을 받아들여 두 사람 모두에게 무죄를 선고했다. 새로운 관점에서 사건을 보면 나오지 않던 증거나 주장이 나올 수도 있다. 포기하지 않고 사건을 뜯어보는 것은 중요하다.

여섯째, 누차 말하지만 피해자와의 합의를 놓지 말고 주변 사람과 좋은 관계를 맺어야 한다. 특히 재산범죄 등 개인적 법익과 관련된 범죄에서는 '합의'가 정상참작에 가장 중요한 변수다. 아무리 무죄라고 주장해도 재판부에서 유죄를 선고할지 무죄를 선고할지는 모르는 일이다. 특히 공소장에 기재된 돈은 민사상으로라도 피해자에게 돌려줘야 하는 경우가 대부분이다. 그렇기에 유무죄를 떠나 필요하면 합의를 볼 수 있는 상황을 유지해야 한다. 생각보다 더 적은 돈으로 합의를 할 수도 있기 때문이다. 부득이하게 형사상 유의미한 공탁을 하려면 합의할 때보다 훨씬 많은 돈이 필요할 수도 있다. 또한 사건 해결에 도움을 줄 사람들에게는 평소보다 더 잘해야 한다. 증인이 필요할 때 흔쾌히 도와줄 수 있는 상태가 되어야 하기 때문이다. 소송사건이 일어나면 사람들 사이에선 진실이 무엇인가보다 내 편이냐, 네 편이냐가 중요한 사안이 된다. 내 편이 있어야 증거를 제시하거나 증언을 해 나의 주장을 뒷받침해줄 수 있다.

2

판단자들

수사절차의 판단자들에는 아래와 같이 경찰청 사람들(사법경찰관/리), 검찰청 사람들(검사와 조사관), 법원 사람들(판사), 그리고 변호사가 있다. 변호사를 제외하면 모두 피의자, 고소인, 참고인 등을 조사하면서 나름대로 '판단'을 하는 사람들이다. 따라서 피의자가 되어 조사나 재판을 받게 되면, 판단자들과 다른 편에 서 있지만 결국 그들이 우리 운명을 결정하는 사람이라는 생각을 잊으면 안 된다. 그래서 매 조사 단계마다 최선을 다해야지, 직급이 낮다거나 혹은 위치가 다르다는 등의 이유로 판단자들을 함부로 대하면 안 된다. 피의자는 판단을 받는 대상자로서 조사를 받고, 늘 성실하고 신중하게 그들을 대해야 한다.

• 판단자들의 종류

구분	관련자	역할	비고
조사	사법경찰관	조사	
	사법경찰리	사법경찰관 보조 혹은 사법경찰관 사무 취급	
	형사	조사	비공식 명칭
	검사	기소	
	검찰참여관	검사 보조	
	수사관	별도조사 송치	
	변호사	조사입회	
영장 (체포, 구속)	사법경찰관	영장신청	
	검사	영장청구	
	판사	영장실질심사	
	변호사	피의자 변론	
판단 내용	사법경찰관	의견제시	
	검사	기소여부 판단, 공소 유지	
	판사	재판 진행, 판결	
	변호사	피고인 변론	

경찰관

경찰관의 위치

사법경찰관은 수사관, 경무관, 총경, 경정, 경감, 경위 등의 직위
에 있는 사람으로서 범죄의 혐의가 있다고 인식될 경우 범인, 범
죄사실과 증거에 관한 수사를 개시·진행할 의무가 있으며 현
재까지는 모든 수사에 관하여 검사의 지휘를 받도록 되어 있다.
(형사소송법 제196조 제1항 '수사관, 경무관, 총경, 경정, 경감, 경위는 사
법경찰관으로서 모든 수사에 관하여 검사의 지휘를 받는다'는 조항 때문에
현재 검찰과 경찰의 수사권 조정이 계속 정치권의 주목을 받고 있다.)

사법경찰리는 경사, 경장, 순경의 직위에 있는 사람으로 수사

의 보조를 하는 사람을 말한다.

다만, 산림, 해사, 전매, 세무, 군수사기관 기타 특별한 사항에 관하여 사법경찰관리의 직무를 행할 자와 직무의 범위는 법률로써 정해지는데 그 직무를 행할 자를 특별사법경찰관리라고 한다. 현재는 그 영역이 계속 넓어지고 있다.

형사란 통상 사복을 입은 경찰관을 말한다. 경찰관 중에는 수사를 하지 않고 정보만 담당하는 사람도 있지만 피고소인이 신경 써야 할 경찰관은 수사권을 갖고 있는 사법경찰관리다.

수사의 단서 端緒

구체적으로 사건번호가 들어가는 입건 전 단계에는 수사의 단서라는 용어가 있다. 수사할 계기를 준 사례가 있다는 말이다. 이때는 사건번호가 아니라 내사번호 등이 들어간다. 내사란 정식수사 이전에 사실관계를 알아보는 것이다. 경찰관은 범죄에 관한 신문, 출판물, 방송, 인터넷, 익명의 신고, 풍설 등이 있어 내사가 필요할 때 수사부서장의 지휘를 받아 내사해야 한다. 내사는 범죄첩보 및 진정·탄원과 범죄에 관한 신문, 출판물, 방송, 인터넷, 익명의 신고, 풍설 중 출처와 사회적 영향 등을 고려해 진상을 확인할 가치가 있는 사안을 대상으로 하며 아래와 같이 분류해 처리한다.

1   진정내사: 진정·탄원·투서 등 서면으로 접수된 신고에 대한
    내사.
2   신고내사: 진정내사를 제외한 112신고, 방문신고 등 서면이
    아닌 방법으로 접수된 각종 신고에 대한 내사.
3   첩보내사: 경찰관이 서면으로 작성한 범죄첩보에 대한 내사.
4   비신고내사: 1번부터 3번까지 경우를 제외한 범죄에 관한 정
    보·풍문 등 진상을 확인할 가치가 있는 사안에 대한 내사.

내사의 착수

내사의 종류에 따라 착수 방법은 조금씩 다르지만, 대부분 수사
부서의 장에게 보고 후 내사에 착수하는 경우가 많다. 비신고내
사의 경우 수사부서의 장이 수사 단서가 내사할 가치가 있다고
판단한 경우 내사 보고를 받지 않고도 경찰관에게 내사를 지휘
할 수 있다. 만약 내사 결과 정식으로 수사해야 한다고 판단되면

범죄인지서를 작성한 뒤 수사를 개시해야 한다. 이때 피의자 신문조서가 작성되고 최종적으로는 검사가 기소 여부를 결정하게 된다. 정식수사가 필요 없는 경우, 다른 사건과 병합해 처리할 필요가 있는 경우, 사건 당사자들의 소재 불명으로 내사를 계속할 수 없는 경우 등은 수사절차로 전환하지 않는다.

즉, 우리가 흔히 접하는 112 신고 전화는 범죄의 단서에 불과하고, 단서에 따라 내사를 결정하는 것이다. 피해신고가 있다면 경찰관은 관할구역 여부를 불문하고 이를 접수해야 하지만, 피해신고 중 범죄가 아닌 게 명백한 경우 피해자 구호 등 필요한 조치는 행하고 범죄인지는 하지 않는다. 피해신고를 내사한 결과 범죄가 인정되면 피의자 신문조서를 작성하고 범죄인지서를 만들어 입건한 뒤 이를 검찰에 송치하는 것이다.

강제수사

경찰의 강제수사에는 여러 경우가 있다. 그중 가장 흔히 알려진 것이 바로 체포인데, 이 체포에는 여러 가지 경우가 있다. 현행범인 체포, 긴급체포, 체포영장에 의한 체포, 사전 구속영장에 의한 구속으로 인한 체포 등이다. 체포를 당한다는 건 강제수사를 당한다는 것이고, 이는 아무런 준비 없이 수사를 받아야 함을

뜻한다. 그렇기에 일단 체포 이유를 아는 것이 중요하다.

형사소송법 제200조의 5에 따라 검사와 사법경찰관은 체포 당시 피의자에게 피의사실의 요지와 체포 이유를 말해주도록 되어 있다. 당연히 체포를 당한 사람은 체포 이유를 알려달라고 요구할 권한도 있다. 만약 피의사실의 요지나 체포의 이유를 고지하지 않고 체포하면 이는 불법구속이 되고 이 과정에서 작성된 피의자 신문조서는 위법하게 수집한 증거가 되어 증거능력이 없다.

체포를 당한 경우 이송되는 장소도 조금씩 다르다. 긴급체포나 체포영장에 의해 체포가 되는 경우 이를 청구한 검사나 사법경찰관이 관할하는 경찰서 유치장에 유치된다. 물론 조사를 하고 48시간 이내에 구속영장을 신청하고 승인받는 절차를 거쳐야 한다. 구속영장을 신청하지 않거나 구속영장 승인을 받지 못하면 석방을 하게 된다.

검사

검사의 위치

최근 검경 수사권 조정 등으로 검사의 권한에 논란이 있지만 필자가 검사를 할 때는 검사나 검찰청 직원에 대한 경찰의 수사를 제한한 적도 있다. 그만큼 검사는 막강한 권한을 갖고 있다. 그렇기에 검사가 직무를 다하지 않거나 악용할 경우 국가나 국민이 입게 되는 피해는 크다고 할 수 있다.

검사의 선택: 기소편의주의

수사가 끝나면 누군가는 결정을 해야 한다. 법원으로 보낼 것인가? 아니면 검찰에서 끝낼 것인가? 이것을 결정하는 사람이 검사다. 이 판단을 검사가 독점으로 한다고 해서 기소독점주의라고도 한다. 검사는 여러 가지 정상을 참작하여 사건을 법원으로 보내는 기소 혹은 법원으로 보내지 않고 끝내는 불기소 처분을 내린다. 이를 기소편의주의라고 한다.

불기소하는 이유는 형법 제51조의 사항을 참조하지만, 기소를 하는 이유는 법에 나와 있지 않다. 거의 모든 것이 검사의 재량이다. 공판에 회부할 것인지, 벌금형을 구하는 약식명령에 처할 것인지에 대한 기준도 법에 나와 있지 않다. 다만 검찰은 상급자에 대한 결재 체계가 있고 검찰 내부에서 양형기준표 등을 비공개로 사용하기 때문에 나름의 형평성은 갖고 있다. 이에 비해 법원은 법원조직법 제8편 규정에 따라 양형위원회 규칙을 만들어 양형기준을 정하고 양형기준을 벗어난 판결을 하는 경우 판결문에 양형의 이유를 적도록 되어 있다.

Tip!

기소를 할지 말지는 거의 모든 경우 검사의 재량이다.
검사의 권한이 막강하다는 걸 잊지 말자.

결정의 종류

사건의 수사가 종결되면 검찰은 실질적으로 법으로 정한 9가지 내에서 결정을 하게 된다. 이 결정은 피고소인에게 중요한 것인 만큼 조금 자세하게 알아보려 한다.

첫 번째, 공소제기는 법원에 공소장을 제출해 통상 벌금형 이상의 처벌을 받도록 하는 것이다. 공소제기에는 징역형 이상의 처벌을 구하는 정식기소(구공판)와 벌금, 과료 또는 몰수 등의 처벌을 구하는 약식기소가 있다. 정식기소가 되면 공개된 법정에서 변론 후에 판결을 선고하고 약식기소가 되면 판사는 수사기록만으로 판단해 피고인에게 약식명령(변론이 열리지 않는 서류 재판)을 발령하는 것이다. 그러나 약식기소된 사건도 재판장에 의해 정식재판에 회부되는 경우가 있고, 만약 피고인이 약식명령에 불복해 정식재판을 청구하면 공개재판을 하게 된다. 다만 2017년 12월 19일 이후 불이익 변경 금지원칙이 바뀌어 약식명령의 형보다 중한 형도 선고가 가능하게 되어 정식재판 청구에 신중할 필요가 있다.

두 번째, 불기소는 다섯 가지 경우로 나뉜다. 혐의는 인정되나 용서해주는 개념의 기소유예, 범죄가 인정되지 않거나 증거가 불충분해 혐의 없음으로 결론이 나는 경우, 범죄구성요건에는 해당하나 죄로 볼 수 없는 경우, 공소권이 없는 경우, 여러 이유로 수사를 개시할 만한 구체적인 사유나 정황이 충분하지 않을 때 각하를 하게 된다.

세 번째, 기소중지는 피의자의 소재불명으로 수사를 종결할 수 없는 경우, 이 사유가 해소될 때까지 기소여부를 보류하는 것이다. 기소중지 결정을 할 때는 경우에 따라 피의자를 찾기 위해 지명수배 혹은 지명통보를 한다.

네 번째, 참고인중지는 참고인·고소인·고발인의 소재불명으로 수사를 종결할 수 없는 경우, 이 사유가 해소될 때까지 기소여부를 보류하는 것이다. 당사자들은 참고인 등의 소재를 발견할 때 수사관서에 신고하여 사건을 재기할 수 있게 해야 한다.

다섯 번째, 공소보류는 국가보안법 제20조 제1항의 규정에 의하여 공소제기를 보류하는 결정을 의미한다. 공소보류를 받은 자가 공소제기 없이 2년을 경과한 때에는 소추할 수 없다.

여섯 번째, 이송은 말 그대로 사건을 보내는 것이다. 사건이 소속검찰청 관할 법원에 속하지 않거나 군사법원의 재판권에 속하는 경우 사건을 관할 법원 또는 군 검사에게 송치하는 것을 의미한다.

일곱 번째, 소년보호사건 송치는 검사 또는 법원 등이 해당 사건을 관할하는 법원 소년부에 송치하는 결정이다.

여덟 번째, 가정보호사건 송치는 검사 또는 법원 등이 해당 사건을 관할하는 가정법원에 송치하는 결정이다.

아홉 번째, 성매매보호사건 송치는 검사 또는 법원 등이 해당 사건을 관할하는 가정법원에 송치하는 결정이다.

기소한 검사의 마음

재판에 관여하는 검사에는 두 종류가 있다. 기소를 한 수사검사와 실제로 법정에서 활동하는 공판검사가 있다. 수사검사는 기소를 하며 공판 카드에 구형 의견을 적고 공소장, 범죄경력 조회, 증거목록, 증거에 대한 설명 등 참고자료를 첨부해 모두 공판실에 넘긴 뒤 손을 뗀다. 만약 중요한 사건이거나 공판 진행 과정에서 문제가 발생하면 수사검사가 직접 공판에 관여하기도 한다.

공판검사는 문자 그대로 기소된 사건을 유죄 판결, 즉, 구형한 대로 선고형량이 나오도록 공소유지를 하고 법원에 주장과 증거 등을 제출한다. 특히 피고인과 피고인 변호인의 주장이나 증거에 계속 맞불을 놓는 사람이다. 재판에서 무죄가 선고되거나 구형한 형량보다 너무 적게 나온 경우 수사검사와 함께 책임추궁의 대상이 될 수도 있다. 따라서 공판검사는 자신의 직무이자 일상인 기소 및 재판에 대해 구형된 형량이 나오도록 최선을 다해야만 하는 사람이다.

최근 검사의 객관의무(검사는 공익을 대변할 의무가 있어 피고인에게 유리한 증거도 재판에 제출할 의무)가 논란이 된 적이 있다. 수사 과정에서 '검사의 객관의무'를 위반했음에도 불구하고 징계를 받지 않은 검사들에 대한 비판의 목소리가 나왔기 때문이다. 한 검사가 준강간 혐의를 받던 피의자를 조사하고 있었는데, 국립과학수사연구소 부검 결과 정액 반응이 없었다는 내용을 받고도 피의자에게 얘기하지 않았다. 검사는 정액 반응이 있었다고 오진한 의사 진술을 토대로 피의자에게 진술을 강요했고 국과수 감정서도 제출하지 않았다. 하지만 재판 중이던 피고인이 국과수 감정서를 입수해 재판은 다른 방향으로 흘러갔다. 피고인은 국과수 감정서를 증거로 제출해 무죄를 받았고, 이후 국가를 상대로 손해배상청구 소송을 냈다. 또한 피고인은 해당 검사를 징계해달라는 진정서도 냈지만, 검찰은 이를 거부했다.

이처럼 일단 검사가 기소를 결정하면 이 판단을 되돌리는 것은 굉장히 어렵다. 추후 무죄 증거가 나온다 하더라도 이를 최대한 반영해 객관의무를 지키는 것은 현실적으로 어렵고 인사 문제 등이 걸려 있어 어떻게든 유죄를 받아내려는 것이 검사들의 일반적인 경향이다. 그러니 공소유지를 받기 위해 기소한 검사에게 객관의무를 기대하는 것은 헛된 희망이라는 것을 반드시 염두에 두고 있어야 한다.

Tip!

검사는 어떻게든 피고인의 유죄를 받아내려는 사람들이다.
검사가 객관의무를 다 할 것이라는 희망은 품지 말자.

판사

판사의 위치

법치국가에서 판사는 최고의 판관이자 사실상의 통치자다. 과거 독재자라 불리던 전두환, 노태우 전 대통령이나 현재 박근혜, 이명박 전 대통령을 재판하고 판단하는 사람도 판사다. 판사는 양심에 따라 독립해서 심판하는 각각의 독립기관이고, 증거의 증명력 여부 또한 판사의 자유판단에 따라 결정된다. 결국 판사는 마음대로 재판을 할 수 있는 위치에 있는 것이다. 물론 상소제도가 있지만 최종 판단은 판사인 대법관이 하는 것이니 마찬가지다.

판사들의 이런 만장萬場에 대해 대법원은 아래와 같이 판시하고 있다. 판사는 자유심증주의 아래에서 나름대로 제한을 받고 있다고 하지만 판사가 독단으로 재판을 진행해도 이를 통제할 제대로 된 방법이 없는 게 현실이다.

법치국가에서 사실상 최고의 통치기관 역할을 하는 판사가 과연 최고의 인격자 내지는 판단자가 될 수 있을까. 판사들은 사법고시라는 국가 최고의 시험에서 가장 좋은 성적을 거둔 사람으로 평소 모범적인 사람들이다. 하지만 이들은 업무 특성상 사회와 거리를 두고 사는 사람이 대부분이다.

가장 절친한 후배를 변론할 때 특정 분야 종사자들은 누구나 아는 상식을 증거로 제시한 적이 있었다. 당시 사건을 맡았던 판사는 그 증거를 이해하지 못해 엉뚱한 판결을 내렸다. 상소를 했지만 '자유심증주의' 때문에 대법원에서까지 기각을 당했다. 현실 자체가 어처구니 없는 것이지만, 재판을 받는 우리는 이 점을 인지하고 이에 대응할 필요가 있다.

자유심증주의 관련 판례

대법원 2004. 6. 25. 선고 2004도2221 판결[폭력행위 등 처벌에 관한 법률위반·공무집행방해·폭력행위 등 처벌에 관한 법률위반(야간·공동상해)·공무집행방해·폭력행위 등 처벌에 관한 법률위반(야간·공동손괴)·특정범죄 가중처벌 등에 관한 법률위반(도주차량)·도로교통법위반(무면허운전)·도로교통법위반]

자유심증주의를 규정한 형사소송법 제308조가 증거의 증명력을 법관의 자유판단에 의하도록 한 것은 그것이 실체적 진실발견에 적합하기 때문이라 할 것이므로, 증거판단에 관한 전권을 가지고 있는 사실심 법관은 사실인정에 있어 공판절차에서 획득된 인식과 조사된 증거를 남김 없이 고려하여야 한다.

형사재판에 있어 심증형성은 반드시 직접증거에 의하여 형성되어야만 하는 것은 아니고 간접증거에 의할 수도 있는 것이며, 간접증거는 이를 개별적·고립적으로 평가하여서는 아니 되고 모든 관점에서 빠짐없이 상호 관련시켜 종합적으로 평가하고, 치밀하고 모순 없는 논증을 거쳐야 한다.

증거의 증명력은 법관의 자유판단에 맡겨져 있으나 그 판단은 논리와 경험칙에 합치하여야 하고, 형사재판에 있어서 유죄로 인정하기 위한 심증형성의 정도는 합리적인 의심을 할 여지가 없을 정도여야 하나, 이는 모든 가능한 의심을 배제할 정도에 이를 것까지 요구하는 것은 아니며, 증명력이 있는 것으로 인정되는 증거를 합리적인 근거가 없는 의심을 일으켜 이를 배척하는 것은 자유심증주의의 한계를 벗어나는 것으로 허용될 수 없다 할 것인바(대법원 1994. 9. 13. 선고 94도1335 판결 등 참조), 여기에서 말하는 합리적 의심이라 함은 모든 의문, 불신을 포함하는 것이 아니라 논리와 경험칙에 기하여 요증사실과 양립할 수 없는 사실의 개연성에 대한 합리성 있는 의문을 의미하는 것으로서(대법원 1997. 7. 25. 선고 97도974 판결 참조), 피고인에게 유리한 정황을 사실인정과 관련하여 파악한 이성적 추론에 그 근거를 두어야 하는 것이므로 단순히 관념적인 의심이나 추상적인 가능성에 기초한 의심은 합리적 의심에 포함된다고 할 수 없다.

헌법재판소 2009. 11. 26. 선고 2008헌바25 결정

[결정요지]

자유심증주의는 법관으로 하여금 증명력 판단에 있어서 형식적 법률의 구속을 받지 않고 논리법칙과 경험법칙에 따라 합리적인 사실인정을 가능하게 함으로써 과거의 법정증거주의의 획일성을 극복하고 사실인정의 구체적 타당성을 도모할 수 있게 하며 형사소송이 지향하는 이념인 실체적 진실 발견에 가장 적합한 방책이 되는 것이다.

또한 자유심증주의를 통하여 합리적인 사실인정을 담보할 수 있도록 증거능력의 제한, 증거조사과정의 합리화를 위한 당사자의 참여, 유죄판결의 증거설시 등 여러 가지 제도적 보완 장치가 마련되어 있다.

따라서 자유심증주의는 법정증거주의의 불합리성을 극복하기 위하여 수립된 형사증거법의 기본원리로서 실체적 진실을 발견하기에 적합한 제도라고 할 것이므로, 형사피고인의 공정한 재판을 받을 권리를 침해하는 것이라고 볼 수 없다.

판사의 체포영장 발부 이유

판사는 피의자가 죄를 범했다고 의심할 만한 상당한 이유가 있고, 정당한 이유 없이 출석요구에 응하지 않거나 응하지 않을 우려가 있을 때, 체포영장을 발부해 검사 또는 사법경찰관으로 하여금 강제수사를 할 수 있다. 정당한 이유 없이 검사나 사법경찰관의 출석요구에 응하지 않으면 체포영장을 발부당할 수도 있기 때문에, 출석요구에는 최대한 성실히 응하거나 정당한 절차를 밟아 연기하는 등의 태도를 취해야 한다.

체포영장 청구서

○○○○검찰청
(전화번호)

체　　호
형　　호
수신　○○○법원　　　　　　　　발신　　　　○○○검찰청
제목　체포영장청구　　　　　　　검사　　　　　　　⑪

피의자	① 성명	（　　）
	② 주민등록번호	（　세）
	③ 직업	
	④ 주거	
⑤ 변호인		

위의 피의자에 대한 ○○○피의사건에 관하여 동인을 ○○○에 인치하고 ○○○
에 구금하고자 0000. 00. 00.까지 유효한 체포영장의 발부를 청구합니다.

⑥ 범죄사실 및 체포를 필요로 하는 사유	별지와 같음
⑦ 7일을 넘는 유효기간을 필요로 하는 취지 및 사유	
⑧ 둘 이상의 영장을 청구하는 취지 및 사유	
⑨ 재청구의 취지 및 이유	별지와 같음
⑩ 현재 수사 중인 다른 범죄사실에 관하여 발부된 유효한 체포영장 존재 시 그 취지 및 범죄사실	별지와 같음
⑪ 발부하지 아니하는 취지 및 이유	판사　　⑪

판사의 구속영장 발부 이유

피의자가 현행범인으로 긴급체포되거나 체포영장에 의해 체포된 경우 48시간 내에 사후 구속영장을, 그렇지 않은 경우 사전 구속영장을 발부받아 구속하게 된다. 피의자를 구속할 수 있는 사유는 여러 경우가 있는데, 이 경우들을 하나씩 분석해 의미를 파악하고 판례들을 참고하면 어떤 경우에 구속이 되는지 짐작할 수 있다.

1 피고인이 죄를 범했다고 의심할 만한 상당한 이유

이 경우는 증거에 의해 무죄추정을 깨뜨릴 만하거나 유죄 판결을 받을 만한 고도의 개연성 혹은 충분한 혐의가 있는 경우다. 다만 수사는 수사기관의 재량을 허용하기 때문에 판결을 선고할 때 유죄의 심증, 즉 합리적인 의심이 없을 정도로 강한 증명력을 요구하는 것은 아니고 경험칙 등에 비추어 현저히 합리적이지 않은 한 상당성이 있다고 보는 것이다.

대법원 2003. 3. 27. 자 2002모81 결정
[재정신청 기각에 대한 재항고]

긴급체포의 요건을 갖추었는지 여부는 사후에 밝혀진 사정을 기초로 판단하는 것이 아니라 체포 당시의 상황을 기초로 판단하여야 하고, 이에 관한 검사나 사법경찰관 등 수사주체의 판단에는 상당한 재량의 여지가 있다고 할 것이나, 긴급체포 당시의 상황으로 보아서도 그 요건의 충족 여부에 관한 검사나 사법경찰관의 판단이 경험칙에 비추어 현저히 합리성을 잃은 경우에는 그 체포는 위법한 체포라 할 것이다.(대법원 2002. 6. 11. 선고 2000도5701 판결 참조)

2 피고인이 일정한 주거가 없는 때

수사기관이나 법원의 입장에서는 절차를 진행할 때마다 피고인을 찾아다닐 수 없다. 이에 일정한 주거나 거소가 없는 등 연락할 곳이 없는 피고인에 한해 구속 절차를 진행한다. 다만, 아래와 같이 모든 요소를 고려해야 하며 일정한 주거나 거소가 없더라도 피의자의 출석을 담보할 수 있는 사람이 있다면 구속되지 않는다.

구속수사기준에 관한 지침 제5조(주거부정)

1 피의자가 일정한 주거가 없는 때라고 함은 당해 피의자에게 일정한 주거나 거소가 없는 때를 말한다.

2 피의자에게 일정한 주거가 없는지 여부를 판단할 때에는 다음 각 호의 요소를 고려하여야 한다.

1) 주거의 종류(집, 여관, 여인숙, 고시원, 기숙사, 직장 임시 숙소 등).

2) 거주 기간.

3) 주민등록과 주거의 일치 여부 및 주민등록 말소 여부.

4) 거주 형태(임차 계약의 형태·기간, 임료의 지급 방법·상황 등).

5) 가족의 유무.

6) 가재도구의 현황.

7) 피의자의 성행, 조직·지역 사회 정착성.

3 가족, 변호인 등 신원보증인에 의하여 피의자의 출석을 담보할 수 있는 경우에는 이를 참작하여야 한다.

3 피고인이 증거를 인멸할 염려가 있는 때

이 경우에는 몇 가지 요소를 참작해 구속 여부를 결정한다. 가장 먼저, 인멸할 증거가 존재하는지부터 따져본다. 그 후, 그 증거가 범죄사실 입증에 결정적인 영향을 주는지, 피의자가 그 증거를 인멸하는 것이 가능한지, 피의자 측이 피해자 등 증인에게 압력이나 영향력을 행사할 수 있는지 등을 종합적으로 따져야 한다.

4 피고인이 도망하거나 도망할 염려가 있는 때

도망할 염려 또한 여러 요소를 종합적으로 고려해 판단해야 한다. 범죄의 경중 여부, 자수 여부, 피의자의 살아온 생애, 외국과의 접점이 있는지 여부, 가족간의 친밀도, 피의자의 사회적 환경 등 대략 20여 가지 요소를 고려하는 것으로 규정하고 있다.

5 범죄의 중대성

범죄의 중대성이란 사형, 무기 또는 장기 10년이 넘는 징역이나 금고에 해당하는 죄를 범했다고 의심할 만한 상당한 이유가 있는 경우다. 앞에서 언급했던 판사들의 양형기준에 따르면 권고 형량 범위의 하한선이 3년 이상인 경우 또는 실형이 권고되는 경우도 범죄의 중대성이 있는 경우에 해당한다.

6 재범의 위험성

과거 시행되었다 폐지되었던 사회보호법상 '재범의 위험성'에 대한 법원의 판단이다. 재범의 가능성뿐만 아니라 다른 여러 가지 요소를 고려하여 판단한다.

대법원 2003. 11. 27. 선고 2003도5592, 2003감도66 판결
[상습사기·절도·보호감호]

사회보호법 제5조 소정의 재범의 위험성이라 함은 재범할 가능성만으로는 부족하고 피감호 청구인이 장래에 다시 죄를 범하여 법적 평온을 깨뜨릴 상당한 개연성이 있음을 의미한다 할 것인데, 그 재범의 위험성 유무는 피감호청구인의 직업 후의 정황, 개전의 정 등 제반 사정을 종합적으로 평가하여 객관적으로 판단하여야 할 것이고, 또 당해 범행이 상습의 습벽에 의한 것이라 하여 재범의 위험성이 반드시 있는 것이라 할 수 없다. (중략)
법원으로서는 단순히 수사기관에서 조사한 수사기록상의 자료만을 참고로 할 것이 아니라 피감호청구인의 주관적 성향, 환경, 갱생·교화·개선 가능성 등 재범의 위험성 여부를 심사함에 필요한 제반 사정에 관하여 별도의 객관적 자료를 추가로 확보하여 신중하게 심리를 한 다음 피감호청구인에게 재범의 위험성이 있는지의 여부에 관하여 판단하여야 한다.

7 피해자 및 중요 참고인 등에 대한 위해 우려

피의자의 성정이나 지금까지의 행적, 피의사실 내용 등으로 보아 피의자에게 불리한 피해자나 중요 참고인 등에 대해 피의자가 위해를 가할 가능성이 있는 경우, 피의자는 구속된다.

8 50만 원 이하의 벌금, 구류 또는 과료에 해당하는 사건

50만 원 이하의 벌금, 구류 또는 과료에 해당하는 사건에 관해서는 일정한 주거가 없을 때에만 구속을 진행한다.

9 구속의 필요를 인정할 수 있는 자료

구속의 필요성이란, 구속사유를 충족하더라도 구속이 피의자에게 가져올 고통, 불이익 및 폐해와 국가 형벌권의 적정한 행사를 위하여 피의자를 구속하지 않으면 안 되는 적극적인 필요성(공적 이익)을 비교해 전자가 후자보다 현저히 커서 피의자를 구속할 필요성이 없다고 판단되는 경우 구속이 회피되어야 한다는

109
2 판단자들

측면에서 소극적인 요건이다.*

이를 판단하기 위해서는 사안의 경중, 범인의 성격, 수사의 진전 등을 종합적으로 고려해야 한다. 이에 대해 구속수사기준에 관한 지침에서는 아래와 같이 비례성의 원칙을 천명하고 있다.

구속수사기준에 관한 지침(대검찰청 예규 제584호) 제3조(비례성의 원칙)

1 구속수사는 헌법상 기본권 제한 과잉 금지의 원칙에 따라 수사의 목적 달성을 위한 필요 최소한의 범위에 그쳐야 하고 이를 남용하여서는 안 된다.

2 구속수사는 사안의 내용과 예상되는 형벌에 비추어 상당한 경우에만 허용된다.

3 수사를 할 때에는 피의자의 권익 침해 정도가 더 낮은 수사 절차와 방법을 강구하고, 다른 절차와 방법으로는 수사의 목적을 달성하기 어려운 경우에만 구속수사하는 것으로 한다.

4 구속 후 실질적인 피해 회복 등 사정 변경으로 인하여 피의자에게 증거인멸이나 도망의 염려 등 구속 사유가 없어졌다고 판단되는 경우에는 구속 취소 등 적정한 조치를 취해야 한다.

• 　정진수, 《구속영장심사와 피의자심문》, 한국형사정책연구원, 1998, pp.79~83.

구속영장 청구서(사전)

○○○○검찰청
(0000-0000)

구   호
형   호
수신 ○○○법원   발신   ○○○검찰청
제목 구속영장청구(사전)   검사   ㊞

피의자	성명	( )
	주민등록번호	(세)
	직업	
	주거	
변호인		

위의 피의자에 대한 ○○○피의사건에 관하여 동인을 ○○○에 구속하고자
0000. 00. 00.까지 유효한 구속영장의 발부를 청구합니다.

범죄사실 및 구속을 필요로 하는 사유	별지와 같음
필요적 고려사항	□ 범죄의 중대성 □ 재범의 위험성 □ 피해자·중요참고인 등에 대한 위해 우려 □ 기타 사유 ※구체적 내용은 별지와 같음
7일을 넘는 유효기간을 필요로 하는 취지와 사유	
둘 이상의 영장을 청구하는 취지와 사유	
재청구의 취지 및 이유	별지와 같음
발부하지 아니하는 취지 및 이유	판사 ㊞

구속영장 청구서(사후)

○○○○검찰청

(0000-0000)

구　　　호
형　　　호
수신　○○○법원　　　　　　발신　　　○○○검찰청
제목　구속영장청구(사후)　　　검사　　　　　　　㊞

피의자	성명	( )
	주민등록번호	(세)
	직업	
	주거	
변호인		

위의 피의자에 대한 ○○○피의사건에 관하여 동인을 체포영장에 의하여 체포하였는바, 동인을 ○○○에 구속하고자 0000. 00. 00.까지 유효한 구속영장의 발부를 청구합니다.

체포한 일시	별지와 같음
체포한 장소	
인치한 일시·장소	
구금한 일시·장소	
범죄사실 및 구속을 필요로 하는 사유	별지와 같음
필요적 고려사항	□ 범죄의 중대성　　□ 재범의 위험성 □ 피해자·중요참고인 등에 대한 위해 우려 □ 기타 사유 ※구체적 내용은 별지와 같음
피의자의 지정에 따라 체포이유 등이 통지된 자의 성명 및 연락처	
재청구의 취지 및 이유	별지와 같음
발부하지 아니하는 취지 및 이유	판사　- ㊞

▌구속 전 피의자심문(구속영장 실질심사)

현행범인, 긴급체포, 체포영장의 집행으로 체포된 피의자는 검사의 사후 구속영장 청구에 의해 불구속 상태에 있는 피의자로, 구인된 사전 구속영장 피의자는 판사가 심문한다. 즉, 검사로부터 체포된 피의자에 대한 구속영장을 청구받은 판사가 피의자를 심문하게 되는 것이다. 진실을 규명하는 데 있어 피의자의 구속여부를 판단하기 위한 절차로, 판사는 피의사실을 중심으로 피의자에게 궁금한 사항을 묻는다. 특별한 사정이 없는 한 구속영장이 청구된 날의 다음 날까지 심문을 해야 한다. 피의자심문에 참여한 검사나 변호인은 의견을 제시하거나 변론을 할 수 있지만 개별 신문을 할 수는 없다.

피의자심문은 범죄혐의와 구속사유에 집중해 간략하게 하는 것을 원칙으로 하며 피의자심문 절차는 정해진 순서대로 진행된다. 먼저, 피의자에게 진술거부권을 고지한다. 그 후, 인정심문을 진행하는데, 인정심문이란 법정에 출석한 피고인이 본인인지 확인하기 위해 성명, 연령 등 개인정보를 묻는 것이다. 이후, 구속영장 청구서에 기재된 범죄사실 및 구속사유를 고지한 다음 판사가 피의자를 심문한다. 그 후, 필요한 경우 판사가 제3자(참고인)에 대해 심문을 하고, 검사와 변호인은 각자의 입장에서 의견을 진술한다. 마지막으로 피의자가 범죄사실 및 구속사유에 대해 본인의 의견을 진술한다.

구속은 구속할 상당한 사유가 있다는 것이고 불구속은 구속할 만한 상당한 이유가 없다는 것이다. 구속인가 아닌가는 큰 차이가 있는데 앞서 살펴봤던 피의자가 구속되는 경우를 반대 경우로 생각해보면 어떤 차이가 있는지 잘 알 수 있다.

만약 피의자가 구속되지 않는다면 죄를 범하지 않았다고 입증할 만한 이유를 찾을 가능성이 높고, 일정한 주거를 만들거나 수사기관에 새로운 주거를 신고할 수도 있다. 또한 인적, 물적 증거를 비롯한 사건관계를 피고인 자신에게 유리하도록 정리할 수도, 물적 증거를 인멸할 수도 있다. 도망을 가서 당분간 수사나 재판을 받지 않을 수도 있고, 범죄의 중대성에 대한 반박 증거나 주장을 더 할 수도 있으며, 재범의 위험성에 대한 반박 증거를 찾아 변론할 여지를 만들 수도 있다. 피해자 및 중요 참고인 등에 대한 위해를 하거나 자신에게 유리한 증언을 하도록 촉구할 여지도 있다. 구속이 되는 경우를 반대로 뒤집어보면 이 모든 게 가능해진다.

즉, 피의자가 구속되면, 앞서 본 것처럼 자신뿐 아니라 외부와의 소통 자체가 자유롭지 못해 사건 자체에 대한 주장과 입증을 할 기회나 여력을 상실할 가능성이 많다. 즉, 방어기회를 잃는 것이다. 또한 피의자가 평소 하던 일을 할 수 없고, 인간관계도 맺을 수 없어 상황이 더욱 힘들어진다. 게다가 자신을 변호하는 데 있어 절대적으로 불리하다. 일단 구속 상태가 돼버리면 신병을 구속당하는 상황을 견디기 어려워하는 경우가 많다. 이렇게 되면 자신의 상황을 객관적으로 보지 못하고 유무죄와는 관계 없이 합의를 할 수밖에 없게 되는 처지에 처하게 된다. 그래서 상황 자체를 불명예스럽게 여겨 이를 벗어나기 위해 불리한 조건으로 피해자와의 합의를 생각하는 경우도 생긴다. 그렇기에 판사에 따라 위와 같은 피의자의 처지를 고려하고 피의자의 방어권 보장을 위해 불구속하는 경우도 있다.

사실 구속이 되면 실제 재판에서도 불리하다. 우리나라는 무죄추정의 원칙과 불구속수사 및 재판의 원칙에 입각해 인신구속을 엄정하게 한다. 이를 반대로 말하면, 구속된 사람은 일단 구속영장 발부에 관여한 사법경찰관, 검사, 판사 등에게 죄질이 나빠 용서받지 못하는 사람이라는 판단을 받은 것이 된다. 한마디로, 유죄추정을 받는 것이다.

변호사

변호사의 위치

변호사는 피의자, 고소인, 참고인과 수사기관 혹은 법원과의 관계에서 의뢰인인 피의자, 고소인, 참고인을 중재하며, 법정의 언어로 판단자들을 설득해 의뢰인의 주장과 사실을 인정받게 하는 위치에 있다. 통상 형사소송에서는 선임된 변호사를 '변호인'이라 부르고 민사소송에서는 '소송대리인'이라고 칭한다.

변호사는 '당사자와 그 밖의 관계인의 위임이나 국가·지방자치단체와 그 밖의 공공기관의 위촉 등에 의해 소송에 관한 행위 및 행정처분의 청구에 관한 대리행위와 일반 법률 사무를 하는 것을 그 직무'로 하지만, 변호사법 제1조(변호사의 사명)에는 '변호사는 기본적 인권을 옹호하고 사회정의를 실현함을 사명으로 한다'라고 규정하여 변호사에게 일정한 공공의 의무를 부여하기도 한다. 변호사가 공인公人인가 사인私人인가로 논쟁이 붙기도 하지만 점차 사적인 영역으로 치부되는 것 같다.

현재는 국선변호인이든 사건변호인이든 변호사는 의뢰인의 의뢰에 의해 대가를 받고 위임의 범위, 그리고 합법적인 범위 내에서 의뢰인의 이익과 권리를 위해 최선을 다해 일하는 수임인이다. 민법 제681조(수임인의 선관의무)는 '수임인은 위임의 본지에 따라 선량한 관리자의 주의로써 위임사무를 처리하여야 한다'고 되어 있고, 제689조(위임의 상호해지의 자유)에서는 '위임계약은 각 당사자가 언제든지 해지할 수 있다'고 정한다. 또한 변호인도 맡은 사건에 최선을 다하지만 개인의 능력과 여러 제한 때문에 한계가 있을 수밖에 없다는 점도 명심해야 한다.

수사절차에서 변호사의 역할

1 판단자들과의 면담

변호사는 당사자의 의뢰를 받아 사건을 정리하고 의견을 내며 증거를 모아 판단자들을 설득해야 한다. 변호사들이 하는 일 중

첫 번째가 경찰, 검사, 판사 등의 판단자들을 가능하다면 만나서 설득하는 것이다. 다만, 판사의 경우 절차적인 문제로 전화 통화 외에 집무실에서의 면담이 금지된다. 법관 면담신청에 대해 허가가 있을 때 업무상 공개된 장소에서 면담이 가능하나 거의 허가를 해주지 않는다.(법관의 직무감독을 받은 경우는 제외) 다른 판단자들의 경우, 미리 면담을 신청하면 가능하다.

다만, 수사는 그 종결 시기를 알 수 있기 때문에 적절한 시기를 잘 선택해야 한다. 만약 구속사건을 수임했다면 송치일 또는 적어도 송치일 다음 날까지는 검사와 면담하고 변론을 해야 한다. 변론 내용은 간단히 메모하여 자료로 남길 수 있으면 좋다.

아래 사례는 경찰이 수사지휘 중인 사건에 대해 의뢰인의 정상 등에 대해 주임검사에게 변론한 요지다.

B에 대한 정상

(현재 ○○경찰서 수사지휘 중)

□ 사건: 2019고○○○○ 사기(병합), 2019고제○○○○ 무고
 • 고소인 겸 피고소인: A
 • 고소인 겸 피고소인: B

□ 사건개요
- B 주장: A는 주식회사 러버를 경영하던 중 B에게 사건 외 C를 통해 금전을 차용하는 과정에서 남은 잔금이 금 8,000만 원이라고 주장함에 대하여.
- A 주장: C가 개인적으로 위 6,000만 원은 B로부터 차용하였고 A의 차용금은 이미 변제하였음에도 변제하지 않았다고 거짓말하고 정상용 앞으로 1억 원의 근저당권을 설정하고 그 강제집행으로 금 4,200만 원을 변제받아 편취하였다고 주장.
- A는 2018. 00. 00. 금 61,575,000원 영수증 사본을 근거로 B를 상대로 고소, B는 이에 대항하여 무고 고소.

□ 쟁점
2018. 00. 00. 자 금 61,575,000원 영수증과 관련하여 B는 변제받은 사실 인정, 그러나
- A 주장: 2018. 00. 00. 자 잔금 3,000만 원(차용증 無, 2000. 5. 4. 원금 6,000만 원 변제 후 잔금) 2018. 00. 00. 잔금 3,000만 원과 각 그 이자 변제.
- B 전 주장: 2018. 00. 00. 대여금 3,000만 원[C의 D(법무사 사무장)에 대한 2018. 00. 00.자 금 3,000만 원 변제대위] 2018. 00. 00. 잔금 3,000만 원과 각 그 이자 변제.
  현재 B의 위 2018. 00. 00. 영수증 주장은 인정하고 있음.
- 그러나 A에게 2018. 00. 00. 대여금 3,000만 원[C의 D(법무사 사무장)에 대한 2018. 00. 00. 금 3,000만 원 변제대위], 2018. 00. 00. 잔금 5,000만 원(2018. 00. 00. 원금 1억 원 중 금 5,000만 원 변제) 도합 금 8,000만 원 남음.(소송, 경매로 금 4,200만 원 이자 변제받음)
* 다만 A는 주식회사 러버의 경리부장인 E의 주장에, A는 주식회사 러버 관계자이고 A를 소개한 법무사 사무장인 D의 주장에 각 크게 의존하고 있음.

• A는 B 주장의 위 8,000만 원도 모두 갚았다고 주장하는
듯하나 구체적인 주장 내용은 알 수 없어 이에 대해 조사
경찰관에게 그 내용 등을 알려줄 것을 요망하고 B측에서
자료 등 검토 후 인정할 것은 인정할 예정임.

□ 의견: B에게 억울함이 없도록 기회와 관용을 바랍니다.

2019. 00. 00.

고소인 겸 피고소인 B의 변호인
변호사 노 인 수

○○지방검찰청 검사장님 귀중

2 출석 등 일시 조정

수사를 할 때는 변호인의 참여가 보장되어야 한다. 따라서 변호
인은 조사관과 협의해 변호인을 통해 피의자를 소환하도록 협
조를 구한다. 그래야 변호인의 일정을 조절할 수도 있고 경우에
따라서는 변론을 준비할 시간을 벌 수도 있기 때문이다.

3 변호인의 조사 참여권

피의자 신문 시 변호인은 피의자 옆에 앉아 신문에 참여할 수
있다. 또한 피의자가 조사관에게 조사를 받을 때 적법한 절차에
따라 조사를 받는지 감시하고 피의자의 진술을 보충할 권한도

있다. 변호사는 조사관의 허락을 얻어 피의자의 진술 취지를 대신 설명해줄 수도 있고, 혐의사실이 무엇인지, 조사관이 어떤 증거를 확보하고 있는지도 알 수 있다. 특히 조사 도중 피의자가 진술 등에 대해 변호인에게 말한 부분과 다르거나 사실을 헷갈려 할 경우 조사관에게 휴식시간을 신청해 진술 내용을 정리할 수도 있다. 그리고 조사 종료 후 진술 내용을 확인하고, 필요하면 조사관에게 수정 요청도 할 수 있다.

4 변호인의 접견 교통권

이 권리는 변호인의 가장 핵심적인 권리다. 변호인은 아무런 제한 없이 구속된 피의자를 만나 사건을 정리하고 조언을 할 수 있다. 소환되었거나 조사 중에도 조사관과 미리 시간을 협의해 접견할 수도 있다. 만약 조사관이 접견을 제한하거나 접견 시 별도 공간을 제공하지 않거나 불필요한 소환을 반복하면 변호인은 강력히 항의할 필요가 있다.

변호사 선임 여부

변호사 선임 여부를 결정할 때, 피의자는 사건에 대한 자신의 역량을 확인해볼 필요가 있다. 사건이 단순하고 자신의 의사를 판단자들에게 전달하는 데 문제가 없다면 변호사를 선임할 필요가 없다. 그러나 수사기관과 법정에는 나름의 룰과 용어가 있다. 특히 소송상 필요한 여러 가지 법정 용어가 있는데 이를 피고인이 알아들을 수 없다면 이는 판단자들과 소통에 어려움이 있다는 것이다. 그 어려움에 대한 불이익은 모두 피고인에게 돌아간다. 재판장이 소통에 어려움이 있다고 판단하면 법률 전문가인 변호사나 법무사에게 자문을 구할 것을 요구하기도 하고 경우에 따라서는 국선변호인을 선임해주기도 한다. 문제는 수사기관이나 법정에서 하는 행동 하나하나가 판단에 영향을 미친다는 것이다. 처음부터 어수룩한 태도를 보이는 것은 바람직하지 않다. 더군다나 판단자들은 사건을 신속하게 처리해야 해서 사건 당사자의 사정을 모두 고려할 수 없다.

　그렇기에 통상적인 경우라면 변호사를 선임하는 것이 좋다. 변호사를 통하면 최선의 변론 내지는 공격과 방어를 할 수 있기 때문이다. 변호사는 젊은 나이에 수년간 사법시험을 준비하고, 사법시험에 합격한 뒤 사법연수원을 수료하거나, 유수한 대학을 졸업한 후 로스쿨 시험에 합격하여 3년 동안 수학한 후 변호사 시험에 합격한 사람들이다. 대체로 성실하고 열심히 살아온 사람들이며, 수년간 공부했기에 수사기관과 법정의 논리에도 밝다. 특히 형사사건의 경우 피의자나 피고인의 반대 당사자인 검사도, 변호사처럼 사법시험이나 변호사 시험을 통과한, 국가에

Tip!

변호사 선임은 여러모로 유리하다.
가능하면 국선보다는 사선을, 선임이 어렵다면 법률상담이라도 받아보자.

서 인정한 사람이다. 당연히 피의자나 피고인은 검사와 대등하지 않은 입장이다. 이런 상황을 극복하기 위해 법률 전문가인 변호사가 필요한 것이다.

가능하면 변호사는 국선보다는 사선을 권한다. 부득이한 사정이 있거나 경제적으로 어려운 경우 국가의 도움을 받을 수 있지만 국선변호인은 보수에 한계가 있어 변론활동을 하는 데 정신적이나 물질적으로 현실적인 한계가 있을 수밖에 없다. 따라서 어렵더라도 자신의 비용을 대어 사선으로 변호인을 선임하는 것이 좋다. 비용이 부담되는 경우 피의자나 피고인 본인이 할 수 있는 사건 정리 등을 하면서 변호사와 비용을 흥정하면 된다. 변호사도 법률 서비스업을 하는 사업자고 계약자유의 원칙에 따라 모든 것에 대해 타협할 수 있기 때문이다. 또한 최근에는 변호사가 많아져 변호사끼리 가격 경쟁을 하게 된 상황이라 의외로 좋은 변호사를 싼 가격 혹은 적당한 가격에 선임할 기회도 올 수 있다. 하지만 가능하면 생각보다 많은 비용을 지출하는 것이 더 나은 결과를 부를 수 있다는 점을 말하지 않을 수 없다. 세상에 공짜가 없다는 건 진리다. 주는 것이 적으면 바라는 것도 적고, 관여하는 것도 적을 수밖에 없다. 그 값을 넘을 수 없는 것은 인지상정이다.

특히 처음에 사건을 어떻게 처리해야 할지 모를 때는 경제적으로 어렵더라도 법률상담을 꼭 받아보기 바란다. 법률가들은 사건을 어떻게 보고 어떻게 처리하는지를 적은 비용으로 살펴볼 수 있고 사건 해결에 좋은 힌트를 얻을 수 있다. 그다음 국선변호사를 부탁할 것인지 변호사를 선임할 것인지 결정해도 되기 때문이다. 조건만 맞으면 법률구조공단에서 무료로 상담을 할 수도 있다.

어떤 변호사가 좋은 변호사일까

▌풍부한 경험과 지식이 있는 변호사

경험이 풍부한지의 여부는 현재 사건과 관련된 부분이다. 특히 사건에 전문성이 요구된다면 더욱 그렇다. 해당 사건과 관련한 경험과 지식이 있는 변호사는 상황만으로도 사건을 이해할 수 있지만, 경험과 지식이 전혀 없는 변호사는 상황 자체도 인식할 수 없기 때문이다.

경험과 지식이 있는지 여부를 확인하려면 변호사의 경력이나 승소 사건, 학력 등을 살펴볼 수밖에 없다. 다만 풍부한 경험과 지식이 있다면 많은 비용을 요구할 수는 있고, 만약 비용을 지불할 수 없다면 흥정을 잘하든지 아니면 다른 변호사를 찾아갈 수밖에 없다.

▌진실하고 객관적인 변호사

사실 변호사는 의뢰인의 이야기를 계속 듣고 또 수사기관이나 법정에서 의뢰인의 입장에서 주장해야 하기 때문에 의뢰인에게 편향될 수밖에 없다. 그럼에도 진실을 찾고 진실 속에서 답을 찾으려 하는 변호사가 좋다. 그러니 의뢰인의 주장에 휘둘리거나 어떻게든 사건 수임에만 경도되는 사람은 바람직하지 않다. 개인적으로든 법정에서든 객관적으로 입장을 유지하고 변론하는 변호사가 좋은 변호사다. 승소를 함부로 자신하거나 걱정하지 말라고 하는 사람은 자신이 판단자이거나 판단자들과 공모를 하지 않는 한 거짓말을 하고 있을 가능성이 크다. 사건은 의뢰인과 변호인이 힘과 지혜를 합쳐 최선을 다해 승리하려는 태도가 중요하다.

▌종합적으로 판단해주는 변호사

과거, 변호사가 소수일 때 수사기관과 관련된 사건의 변호를 하지 않는 변호사도 있었다. 변론을 위해 경찰이나 검찰을 드나들 필요가 있는데 이 자체가 거북하다는 이유로 보였다. 그러나 형사사건에서는 수사기관의 판단을 민사사건보다 더 중시하기 때문에 이를 놓쳐서는 안 된다. 결국 변호사는 최선을 다해 사실확정 등을 위해 형사 변론을 할 필요가 있다. 그래서 의뢰인이 사건에 대한 상담을 할 때 민사든 형사든 가사든 보전소송이든 종합적인 면에서 판단을 해주고 이에 대한 방안을 제시해주는 변호사가 좋다. 혹 자체 지식이 부족할 때는 다른 변호사를 알려주거나 자신이 다른 변호사에게 자문을 받아 상담해줄 수 있다면 더욱 좋다. 그럴 때 종합적인 대처가 될 수 있고 좋은 결과도 나올 수 있다.

▌의뢰인과 직접 소통할 수 있는 변호사

변호사는 의뢰인의 대리인으로, 의뢰인 대신 법정 혹은 수사기관에서 모든 권리를 주장하고 증거를 제출하는 사람이다. 그래서 사건과 관련된 의뢰인의 모든 것을 알고 있어야 한다. 하지만 사건 정리 또는 수사기관이나 법정에 의견서나 증거를 낼 때 최종적으로 판단하는 사람은 의뢰인 본인이어야 한다. 과거에 일어난 사건이나 증거들의 실체적 진실을 아는 사람은 의뢰인뿐이기 때문이다. 그러려면 의뢰인이 필요할 때 변호사와 직접 소통을 할 수 있어야 한다. 사소한 업무들은 변호사 사무실 직원과 통하면 되지만, 사건과 관련해 중요한 의미를 갖는 사안은 변호사와 직접 소통해야 한다. 만약 최종 사실관계나 권리관계를 정리할 때 사무장이나 브로커 등이 개입하고 변호사는 직접 확인하지 않는다면 나중에 사실이 왜곡되어 곤란한 상황에 처할 수도 있다.

▌적당한 비용을 받는 변호사

변호사는 변론으로 일을 하고 수익을 받는 사람이다. 물론 변호사는 자유계약의 원칙에 따라 의뢰인과 자유롭게 계약을 맺을 수 있지만 수임료에 대해 어느 정도는 보이지 않는 룰이 있다. 그래서 같은 사건이면 대개 수임료가 비슷하다. 다만 변호인 측 혹은 의뢰인 측의 사유로 비용의 차이가 있을 수 있다. 그래도 비용을 통상적인 기준보다 적게 부르는 것은 조심해야 한다. 수임료가 낮다는 것은 그만큼 노력하지 않아도 된다는 것이고, 의뢰인 입장에서는 그만큼 관여할 동력을 잃을 수 있기 때문이다. 사건에 최선을 다하려면 수임료도 신중하게 생각해봐야 한다.

혼자 소송할 수 있는 방법이 없을까

key point!

1) 사실관계 구체적
   정리
2) 법률상담과
   전문서적 참고
3) 제3자의 검토

최근 혼자 소송을 할 수 있는 방법 등을 안내해주는 책이 많이 나와 있다. 그렇기에 변호사를 선임할 비용이 없다면 보통 사람의 상식으로도 가능한 간단한 사안은 혼자 소송을 진행해도 된다. 혼자 소송을 진행할 때 가장 중요시해야 할 점 몇 가지를 말한다.

먼저 사실관계 정리를 잘해야 한다. 사실관계는 간단명료하다고 좋은 것이 아니다. 제3자인 수사관이나 재판부를 설득해야 하기에 자신이 말하려는 상황을 정확히 이해한 뒤 육하원칙에 의해 구체적으로 기록할 필요가 있다. 가능하면 시나리오처럼 당시 상황을 각 주체에 따라 기록하고, 상대방의 입장을 생각해 읽기 쉽게 정리해야 한다.

그다음은 주장과 증거 그리고 논리를 찾는 것이다. 소송은 제3자가 판단하며 통상적으로 상대방이 존재한다. 상대방이 내 주장을 받아들이지 않아서 소송이 일어난 것이므로 상대방의 주장을 뛰어넘는 뭔가가 있어야 한다. 주장에 맞는 증거(서증이나 인증)를 찾고 논리를 개발해 맞는 판례 등을 찾아내야만 한다. 법정에서는 증거가 없는 사실은 사실이 아니다.

또한 가능하면 상담을 받고 전문 서적을 찾아봐야 한다. 비용 문제로 직접 소송을 하더라도 적은 비용 혹은 무료로 변호사 등 전문가에게 먼저 상담을 받아볼 필요는 있다. 전문가는 어떻게 판단하고 예상하는지, 본인이 부족한 점과 준비해야 할 것은 무엇인지, 준비한 사실관계나 증거에 보충할 것이 무엇인지 등에 대한 판단을 할 수 있기 때문이다. 그리고 관련범죄 사실이나 혐의사실과 관련된 전문서적, 즉, 형법과 형사소송법 등과 관련된 판례집 등을 찾아보면 이해가 쉬울 것이다.

마지막으로 제3자의 검토를 받아보는 것이 좋다. 앞서 말했듯 당사자가 제출한 문서를 판사든 검사든 제3자가 읽었을 때 납득이 되어야 한다. 그래서 문서를 작성하면 가까운 지인이나 전

문가 등에게 보여주고 의견, 비판을 받아보는 것도 좋다. 그들이
이해가 가지 않는다고 지적한 부분 등을 다시 수정하고 보충하
면 좀더 설득력을 갖춘 문서가 될 것이다.

3

소송이란 무엇인가

소송의 목적

목적에 맞는 전략

현재 이 책을 읽는 독자들은 소송의 대상자들 중 피의자 혹은
피의자 측일 확률이 높다. 그렇다면, 대상자로서 진행되는 수사
에서 목적을 무엇으로 잡아야 할까. 우선 상황을 살펴보자.

대상자들에는 고소인 내지는 피해자, 피고소인 내지는 피의자,
경우에 따라 참고인이 있다. 각자 처한 입장에 따라 목적하는 바
는 다를 것이다. 고소인 내지 피해자의 목적은 자신의 피해를 회
복하고, 피고소인이 최대한 처벌을 받고, 피고소인에게 사과받는
것 등이다. 피고소인 내지 피의자의 목적은 혐의를 벗거나 최대

한 처벌을 적게 받는 것이다. 만약 고소인이 잘못 고소한 것이라면, 고소인이 무고죄로 처벌받게 하는 것도 목적이 될 것이다. 참고인은 위증 시비가 없게 하거나 진술을 피하는 것 등이 있다.

수사를 받는 입장인 피의자(피고소인)도 목적에 맞게 전략을 세워야 한다. 제1순위, 제2순위, 제3순위 등이 있겠지만 전략에 따라 제1순위만 고집할 수도 있다. 물론 이 모든 전략은 상황에 맞춰 유연하게 수정되어야 한다. 목적을 달성해야 하기 때문이다. 여기서 가장 중요한 것은 첫 번째, 사실관계를 흔들림 없이 명확하게 정리하고 일관되게 진술하는 것이다. 두 번째, 주장과 법리를 뒷받침할 증거를 수집하는 것이다. 증거가 없으면 그 사실도 없다. 세 번째, 위와 같은 사실과 증거로 판단자들을 제대로 설득해야 한다. 판단자들의 입장에서 생각하면서 진지하게 임해야 한다. 네 번째, 특별한 경우가 아니라면 고소인 등 상대방과 화해를 시도해야 한다. 수사를 받게 되어 기분이 나쁘다고 감정만 앞세우면 모두가 상처만 받는다. 송사 3대면 집안의 기둥뿌리까지 사라진다는 옛말을 깊이 새기자.

소송의 의미

소송은 판단기관을 전제로 당사자가 사실관계의 확정 및 이에 대한 법률 적용 등을 밟는 절차를 말한다. 소송에는 국가 또는 '법관' 등에게 법이 정한 판단을 받는 '당사자'들이 있다. 민사소송이나 행정소송, 가사소송에는 당사자 능력을 가진 국가나 단체 등이 있고 형사소송에는 고소인 혹은 고발인 등 피고소인의 처벌을 바라는 당사자와 이를 방어해야 하는 피고소인, 피고발인 등이 있다. 그러다 수사가 진행되면 판단자들(판관)이 생긴다. 수사 단계에서는 사법경찰관(리) 혹은 검찰수사관, 검사가, 법정에 기소되면 판사가 판관의 역할을 한다.

결국 소송에 임하는 당사자는 자신의 목적을 달성하기 위해 최종적으로 판관(판사인 법관뿐만 아니라 내사나 수사를 시작하는 순경, 경장 등 사법경찰리부터 사법경찰관, 검사 모두 해당한다)에게 좋은 판단을 받아야 하고, 각각의 법적 절차를 잘 알아야 한다. 절차를 제대로 모르거나 이를 소홀히 한다면 이에 대한 불이익은 당사자가 감수해야 하는 경우도 있다. 고소를 당한 피고소인이 '나는 죄가 없다'고 스스로 안위하며 전혀 주장을 하지 않거나 반대로 주장만 하면 안 된다. 고소 사실에 대한 주장의 증거를 제출해야 하기 때문이다. 증거 등을 적시하거나 제출하지 않으면 불리한 판단을 받을 수도 있다. 또 6개월 이내에 고소를 해야 하는 친고죄의 경우, 이 기간이 지나면 고소를 해도 각하될 확률이 높다. 그러니 소송에는 모든 단계마다 판관이 있고 절차가 있다는 것을 명심하고, 그에 맞춰 대응해야 할 것이다.

민사소송과 형사소송

민사소송과 형사소송의 가장 큰 차이는 경찰과 검찰의 수사 여부다. 민사소송은 법원에서 당사자(원고와 피고) 사이의 주장과 증거에 대해 법관이 판단하는 구조고, 형사소송에서는 처음에는 고소인이 피고소인과 다투다가 이에 대한 사법경찰관(리)과 검사의 유죄 의견이 계속되면 법원에 기소가 된다. 최종 판단의 주체가 판사라는 점은 같지만, 형사소송에는 민사소송에 없던 경찰과 검찰의 수사가 추가된다.

또한 형사소송에서는 고소인 측이 검사가 된다. 검사는 공익의 대표자로서 당사자가 되어 피고인이 유죄를 받도록 한다. 공권력이 있으므로 필요하다면 자신의 직권으로 당사자, 즉 고소인이나 피고소인이 주장하지 않은 부분까지 수사 등을 해서 진실을 밝힐 책임과 권한이 있다. 이런 이유로 민사소송 판결보다 형사소송 판결이 더 우위에 있다고 생각하는 경향이 있기 때문에 어떤 사안이 민사와 형사 모두 결부되어 있을 때 형사에서는 특별히 최선을 다할 필요가 있다. 재산 관련 문제들이 이런 케이스다. 형사소송과 민사소송 모두 해당되는 재산 문제의 경우, 형사소송의 결과를 민사소송의 증거로 반영하기도 한다. 만약 사기로 피해를 입었을 경우, 사기를 친 사람을 사기죄로 벌하고, 손해액에 대한 배상도 받아야 한다. 사기죄는 형사소송을 통해 유죄 여부가 결정되고, 손해배상은 민사소송을 통해 결정된다. 사실 원칙적으로 이 두 소송은 관련 없는 소송이지만, 형사소송 결과는 민사소송 과정에 뚜렷한 영향을 미친다. 만약 형사소송에서 피고소인이 사기죄 판결을 받지 않으면, 민사소송에서 새로운 증거가 나타나는 등의 특별한 경우가 아니라면 사기행위가 성립되지 않았다고 판단해 손해배상을 받을 수 없게 된다.

대법원 1994. 1. 28. 선고 93다29051 판결

원래 민사재판에서는 형사재판의 사실인정에 구속받지 않는다고 할지라도 동일한 사실관계에 관하여 확정된 형사판결이 유죄로 인정한 사실은 유력한 증거자료가 된다 할 것이므로 민사재판에서 제출된 다른 증거들에 비추어 형사판결의 사실판단을 채용하기 어렵다고 인정되는 특별한 사정이 없는 한 이와 반대되는 사실을 인정할 수는 없는 것이고, 더욱이 이 사건과 같이 민사판결이 있은 후에 형사절차에서 장기간에 걸친 신중한 심리 끝에 결국 그것이 소송사기에 의한 판결임이 밝혀져서 유죄의 형사판결이 확정된 경우에는 법원은 그 형사판결의 존재와 내용을 존중하여 거기에서 인정된 사실을 민사판결에서 인정된 사실보다 진실에 부합하고 신빙성이 있는 것으로 받아들여야 함은 당연한 이치라 할 것이므로(당원 1990. 8. 14. 선고 89다카6812 판결 참조), 이 사건 재심대상판결에서 인정된 사실, 즉 이 사건 부동산이 원고가 피고에게 명의신탁한 것이라는 사실은, 위 형사판결에서 인정된 사실, 즉 이 사건 부동산은 피고가 대물변제 받은 것이라는 사실에 의하여 번복된 셈이 되었다 할 것이다.

사실인정과
증거 찾기

판관의 사실인정 판단 근거

우리를 판단하는 사람들 중 마지막 사람이 판사다. 이들은 대상
자들을 판단할 때, 우선 사실인정을 한 다음 법을 적용해 판단한
다. 판사가 인정할 사실 혹은 인정하지 않을 사실을 구분하는 원
칙은 뭘까. 이런 원칙을 사실인정 원칙이라고 한다. 판사들의 사
실인정 원칙은 수사를 하는 경찰관이나 검사들에게도 적용된다.
이 원칙을 알아둔다면 판단자들에게 좀더 쉽게 사실을 인정받
을 수 있을 것이다.

사실인정은 증거 없이는 할 수 없다. 즉, 증거가 없다면 사실도 없다. 그래서 어떤 주장을 하거나 논리를 펼 때는 증거가 있는지부터 살펴야 한다. 증거를 찾은 후에 주장을 하거나 의견을 개진하는 것이 법정의 원칙이다.

다만 형사소송법에서는 증거에 여러 가지 제한을 둔다. 증거의 자격이 있어야 증거로 쓸 수 있다는 것이고, 이것을 증거능력이라고 한다. 이 증거능력은 엄격한 증명을 해야 할 검사 측에서 특히 신경 써야 할 부분이다. 검사의 상대편인 피고인 측은 검사의 주장을 뒤엎는 자유로운 증명이 가능하기도 하다. 아래는 증거와 관련된 형사소송법 규정이다.

증거 관련 규정

형사소송법 제308조의 2(위법수집증거의 배제)

적법한 절차에 따르지 아니하고 수집한 증거는 증거로 할 수 없다.

제309조(강제 등 자백의 증거능력)

피고인의 자백이 고문, 폭행, 협박, 신체구속의 부당한 장기화 또는 기망 기타의 방법으로 임의로 진술한 것이 아니라고 의심할 만한 이유가 있는 때에는 이를 유죄의 증거로 하지 못한다.

제310조(불이익한 자백의 증거능력)

피고인의 자백이 그 피고인에게 불이익한 유일의 증거인 때에는 이를 유죄의 증거로 하지 못한다.

제310조의 2(전문증거와 증거능력의 제한)

제311조 내지 제316조에 규정한 것 이외에는 공판준비 또는 공판기일에서의 진술에 대신하여 진술을 기재한 서류나 공판준비 또는 공판기일 외에서의 타인의 진술을 내용으로 하는 진술은 이를 증거로 할 수 없다.

제311조(법원 또는 법관의 조서)

공판준비 또는 공판기일에 피고인이나 피고인 아닌 자의 진술을 기재한 조서와 법원 또는 법관의 검증의 결과를 기재한 조서는 증거로 할 수 있다. 제184조 및 제221조의 2의 규정에 의하여 작성한 조서도 또한 같다. 〈개정 1973.1.25, 1995.12.29〉

제312조(검사 또는 사법경찰관의 조서 등)

① 검사가 피고인이 된 피의자의 진술을 기재한 조서는 적법한 절차와 방식에 따라 작성된 것으로서 피고인이 진술한 내용과 동일하게 기재되어 있음이 공판준비 또는 공판기일에서의 피고인의 진술에 의하여 인정되고, 그 조서에 기재된 진술이 특히 신빙할 수 있는 상태하에서 행하여졌음이 증명된 때에 한하여 증거로 할 수 있다.

② 제1항에도 불구하고 피고인이 그 조서의 성립의 진정을 부인하는 경우에는 그 조서에 기재된 진술이 피고인이 진술한 내용과 동일하게 기재되어 있음이 영상녹화물이나 그 밖의 객관적인 방법에 의하여 증명되고, 그 조서에 기재된 진술이 특히 신빙할 수 있는 상태하에서 행하여졌음이 증명된 때에 한하여 증거로 할 수 있다.

③ 검사 이외의 수사기관이 작성한 피의자 신문조서는 적법한 절차와 방식에 따라 작성된 것으로서 공판준비 또는 공판기일에 그 피의자였던 피고인 또는 변호인이 그 내용을 인정할 때에 한하여 증거로 할 수 있다.

④ 검사 또는 사법경찰관이 피고인이 아닌 자의 진술을 기재한 조서는 적법한 절차와 방식에 따라 작성된 것으로서 그 조서가 검사 또는 사법경찰관 앞에서 진술한 내용과 동일하게 기재되어 있음이 원진술자의 공판준비 또는 공판기일에서의 진술이나 영상녹화물 또는 그 밖의 객관적인 방법에 의하여 증명되고, 피고인 또는 변호인이 공판준비 또는 공판기일에 그 기재 내용에 관하여 원진술자를 신문할 수 있었던 때에는 증거로 할 수 있다. 다만, 그 조서에 기재된 진술이 특히 신빙할 수 있는 상태하에서 행하여졌음이 증명된 때에 한한다.

⑤ 제1항부터 제4항까지의 규정은 피고인 또는 피고인이 아닌 자가 수사과정에서 작성한 진술서에 관하여 준용한다.

⑥ 검사 또는 사법경찰관이 검증의 결과를 기재한 조서는 적법한 절차와 방식에 따라 작성된 것으로서 공판준비 또는 공판기일에

서의 작성자의 진술에 따라 그 성립의 진정함이 증명된 때에는 증
거로 할 수 있다.

이 법이 의미하는 바는 위법수집한 증거나 고문 등으로 인한
자백, 뒷받침할 증거가 없는 자백, 전문증거(타인으로부터 전해들
은 사실을 진술하는 것) 등은 원칙적으로 증거능력이 없다는 것이
다. 반대로 공판준비조서, 공판조서, 수사기관에서 작성된 조서
등은 조건에 따라 증거능력이 있을 수도 있고 없을 수도 있다는
것이다. 앞서 말했듯 판사는 이런 원칙에 따라 사실인정 여부를
결정하게 된다.

과거 제주 지사 사무실에 대한 압수수색 과정에서 2차적 증거
수집이 위법하다는 판결을 받아 피고인(전 제주지사)에 대한 공
소사실이 무죄가 된 적도 있다. 증거가 위법하게 수집되어 증거
능력이 없어졌고, 법원은 합법적으로 공소사실을 입증할 증거가
없는 것으로 판단해 무죄를 선고하게 된 것이다. 따라서 수사 중
압수수색, 조서 작성 등 증거 수집 절차에서의 위법 여부 등을
따져 사실인정의 근거가 되는 증거의 자격에 대해 관심을 가질
필요가 있다.

2 합리적 의심

합리적 의심이란, 증거로 사실인정을 할 때 '합리적인 의심이 없

는 정도의 증명'에 이르러야 하며 그렇지 않을 때는 사실인정을 해서는 안 된다는 말이다. 이 합리적 의심은 판사의 모든 의문과 불신을 포함한다는 말이 아니라 사실의 개연성에 대한 합리적인 의문을 의미한다. 그렇다면 어느 정도가 '합리적인 의심이 없는 정도의 증명'일까. 판례를 살펴보자.

대법원 1997. 7. 25. 선고 97도974 판결

형사재판에 있어서 공소사실에 대한 입증책임은 검사에게 있는 것이고 유죄로 인정하기 위한 증거의 증명력은 논리와 경험칙에 따른 객관적이고 합리적인 증거평가의 결과 합리적인 의심을 배제할 정도의 확신을 가져올 수 있는 것이어야 하나, 여기에서 합리적인 의심이라 함은 모든 의문, 불신을 포함하는 것이 아니라 논리와 경험칙에 기하여 요증사실과 양립할 수 없는 사실의 개연성에 대한 합리성 있는 의문을 의미한다 할 것이다.

대법원 2007. 11. 30. 선고 2007도163 판결

형사소송에서는 범죄사실이 있다는 증거를 검사가 제시하여야 한다. 피고인의 변소가 불합리하여 거짓말 같다고 하여도 그것 때문에 피고인을 불리하게 할 수 없다. 범죄사실의 증명은 법관으로 하여금 합리적인 의심의 여지가 없을 정도로 고도의 개연성을 인정할 수 있는 심증을 갖게 하여야 한다. 이러한 정도의 심증을 형성하는 증거가 없다면 설령 피고인에게 유죄의 의심이 간다 하더라도 피고인의 이익으로 판단하여야 한다.

판례 모두 '개연성'이라는 단어를 쓰면서 수식어로 '고도의'라는 표현을 썼다. 결국 양심상 인권을 보호해야 한다는 헌법의 원칙 등을 동원해 판사 자신의 통찰력을 동원할 수밖에 없다. 또한 판사들마다 증명의 정도가 제각각이기 때문에 일반화시키기가 어렵다.

3 자유심증주의

자유심증주의는 법관이 증거의 증명력을 자유롭게 판단한다는 것이다. 그렇다고 무한한 자유가 주어지는 것은 아니다. 판례를 보면 이 자유에도 여러 제한이 있다. 판사가 판단을 할 때는 논리와 경험칙에 합치하여야 하고, 모든 의심을 배제할 정도까지는 아니지만 유죄로 인정하기 위한 합리적 의심을 할 여지가 없어야 한다.

대법원 2011. 9. 29. 선고 2010도5962 판결

한편 증거의 증명력은 법관의 자유판단에 맡겨져 있으나 그 판단은 논리와 경험칙에 합치하여야 하고, 형사재판에 있어서 유죄로 인정하기 위한 심증형성의 정도는 합리적인 의심을 할 여지가 없을 정도여야 하나, 이는 모든 가능한 의심을 배제할 정도에 이를 것까지 요구하는 것은 아니며, 증명력이 있는 것으로 인정되는 증거를 합리적인 근거가 없는 의심을 일으켜 이를 배척하는 것은 자유심증주의의 한계를 벗어나는 것으

로 허용될 수 없다 할 것인바, 여기에서 말하는 합리적 의심이
라 함은 모든 의문, 불신을 포함하는 것이 아니라 논리와 경험
칙에 기하여 요증사실과 양립할 수 없는 사실의 개연성에 대
한 합리성 있는 의문을 의미하는 것으로서, 피고인에게 유리
한 정황을 사실인정과 관련하여 파악한 이성적 추론에 그 근
거를 두어야 하는 것이므로 단순히 관념적인 의심이나 추상적
인 가능성에 기초한 의심은 합리적 의심에 포함된다고 할 수
없다.(대법원 2004. 6. 25. 선고 2004도2221 판결, 대법원 2005. 4. 15.
선고 2004도362 판결 등 참조)

증거 찾기

▌증거에 대한 인식

앞에서 증거나 증거법의 원칙 등을 살펴봤다. 우리는 위와 같이
적법한 증거를 갖춰야 하고, 상대방이 적법한 증거를 갖고 있는
지 확인해 그렇지 않다면 증거에서 배척되게 해야 한다.

　증거는 기준에 따라 여러 가지로 나뉜다. 증명을 필요로 하는
사실을 직접 증명하는 피해자나 목격자의 진술 같은 직접증거,
범행도구나 장물 같은 간접증거 등이 있다. 사람이 증거냐, 물건
이 증거냐에 따라 인증과 물증으로도 나뉜다. 서류에 기재된 내
용이 증거가 되는 증거서류, 입증책임을 지는 당사자가 제출하

는 증거는 본증, 입증사실을 부인하기 위해 제출하는 증거는 반증, 그리고 본증이나 반증의 증명력을 다투기 위해 제출하는 증거인 탄핵증거 등도 있다.

위 증거들은 엄격한 증명에 쓰일 수도 있고, 자유로운 증명에 쓰일 수도 있으나 모든 증거는 법정의 증거조사를 받아야 한다. 한 가지 덧붙이고 싶은 것은 형법에서 증거법은 상당히 전문적인 부분으로, 법리와 용어를 완벽히 이해하기에는 다소 어려운 부분이 있다. 그렇기에 구체적인 사건으로 나아갈 때는 변호사 등 전문가의 자문이 필요하다.

엄격한 증명과 자유로운 증명

증거재판주의는 증거능력이 있는 증거가 법률이 규정한 증거 조사방법에 따라 증명되는 경우에 한해 피고인을 처벌할 수 있다는 것이다. 이때 법률상 증거능력이 있고 적법한 증거 조사를 거친 증거에 의한 증명을 '엄격한 증명'이라고 하고, 증거능력이 없는 증거나 법률이 규정한 증거 조사방법을 거치지 않은 증거에 의한 증명을 '자유로운 증명'이라고 한다.

엄격한 증명의 대상이 되는 것은 공소 범죄사실(구성요건 해당성, 위법성, 책임, 처벌조건 사실), 형벌권의 범위에 관한 사실(법률상 형의 가중·감면의 이유가 되는 사실, 몰수·추정에 관한 사실, 요증사실 관련 간접사

실, 특수한 전문적 지식관련 경험법칙, 외국법규나 관습법)이고 자유로운
증명의 대상이 되는 것은 정상관계 사실, 소송법적 사실, 증거의
증명력을 탄핵하는 보조사실 등이다.*

각 증거에 대한 증거능력 갖기

앞서 본 것처럼 증거능력이 없는 증거는 증거로 쓸 수 없다. 증
명력(증거의 가치)은 증거능력을 가진 다음의 문제다. 이제 우리
가 수사 과정에서 얻을 수 있는 각 증거의 증거능력 등을 따져
보자.

1 피의자 신문조서, 참고인 진술조서, 진술서

피의자 신문조서는 모두 형사소송법이 정하는 절차와 방식, 특
히 피의자의 권리가 부여된 상태에서 작성돼야 한다. 피의자에
게는 진술거부권이 고지돼야 하고, 변호인 참여권이 보장돼야
하며 모든 수사과정은 기록돼야 한다. 그렇지 않을 경우 적법한
문서라고 볼 수 없어 증거능력이 없다.

---

* 　사법연수원, 《2018 형사증거법 및 사실인정론》, 2018, pp.5~12.

대법원 2015. 4. 23. 선고 2013도3790 판결

이러한 형사소송법의 규정 및 그 입법 목적 등을 종합하여 보면, 피고인이 아닌 자가 수사과정에서 진술서를 작성하였지만 수사기관이 그에 대한 조사과정을 기록하지 아니하여 형사소송법 제244조의 4 제3항, 제1항에서 정한 절차를 위반한 경우에는, 특별한 사정이 없는 한 '적법한 절차와 방식'에 따라 수사과정에서 진술서가 작성되었다 할 수 없으므로 그 증거능력을 인정할 수 없다.

2 당연히 증거능력이 있는 서류

아래 나온 증거들은 그 자체로 증거능력을 인정받기 때문에 피의자로서는 관심을 가져야 할 부분이다. 업무상 통상적으로 작성하는 업무일지나 기업의 회계장부 등은 그 자체로 증거능력이 있어 공소사실 입증에 사용될 수 있다. 또한 의사의 진단서는 때에 따라 증거능력 인정 여부가 결정되지만, 진료 차트는 업무상 필요로 작성한 문서라 그 자체로 증거능력을 갖게 된다.

형사소송법 제315조(당연히 증거능력이 있는 서류)

다음의 서류는 증거로 할 수 있다. 〈개정 2007. 5. 17.〉

1. 가족관계기록사항에 관한 증명서, 공정증서등본 기타 공무원 또는 외국공무원의 직무상 증명할 수 있는 사항에 관하여 작성한 문서.
2. 상업장부, 항해일지 기타 업무상 필요로 작성한 통상문서.
3. 기타 특히 신용할 만한 정황에 의해 작성된 문서.

3 문서

일반적으로 문서는 그 존재 자체로 증거가 될 수 있다. 그중 처분문서는 특히 중요하기 때문에 잘 챙길 필요가 있다. 처분문서란 증명하려는 법률상의 행위가 그 문서 자체에 의해 이루어진 문서다. 부동산 매매 계약서, 임대차계약서 등이 포함된다.

4 녹음

증거 중 하나인 녹음은 가장 중요한 역할을 한다. 특히 진술서나 사실확인서 등을 써줄 의향이 없는 사람을 상대로 사실을 확인하며 녹음한 뒤 이를 녹취록으로 만들면 증거로 제출할 수 있다. '나'와 '상대'의 대화 녹음은 상대의 동의를 구하지 않고 몰래 녹음해도 위법하지 않으나 '나'와 '상대'가 아닌 제3자 사이의 녹음은 위법하기 때문에 증거로 사용할 수 없다.

대법원 2010. 10. 14. 선고 2010도9016 판결

이에 따르면 전기통신의 감청은 제3자가 전기통신의 당사자인 송신인과 수신인의 동의를 받지 아니하고 전기통신 내용을 녹음하는 등의 행위를 하는 것만을 말한다고 풀이함이 상당하다고 할 것이므로, 전기통신에 해당하는 전화통화 당사자의 일방이 상대방 모르게 통화 내용을 녹음하는 것은 여기의 감청에 해당하지 아니하지만, 제3자의 경우는 설령 전화통화 당사자 일방의 동의를 받고 그 통화 내용을 녹음하였다 하더라도 그 상대방의 동의가 없었던 이상, 이는 여기의 감청에 해당하여 법 제3조 제1항 위반이 되고(대법원 2002. 10. 8. 선고 2002도123 판결 참조), 이와 같이 법 제3조 제1항에 위반한 불법감청에 의하여 녹음된 전화통화의 내용은 법 제4조에 의하여 증거능력이 없다.(대법원 2001. 10. 9. 선고 2001도3106 판결 등 참조) 그리고 사생활 및 통신의 불가침을 국민의 기본권의 하나로 선언하고 있는 헌법규정과 통신비밀의 보호와 통신의 자유 신장을 목적으로 제정된 통신비밀보호법의 취지에 비추어 볼 때 피고인이나 변호인이 이를 증거로 함에 동의하였다고 하더라도 달리 볼 것은 아니다.(대법원 2009. 12. 24. 선고 2009도11401 판결 참조)

대법원 1997. 3. 28. 선고 97도240 판결

변호인은 이 사건 비밀녹음에 의한 녹음테이프는 위법수집증거배제법칙에 의하여 증거능력이 없다고 주장하나, 피고인이 범행 후 피해자에게 전화를 걸어오자 피해자가 증거를 수집하려고 그 전화내용을 녹음한 이 사건에 있어서는 그것이 피고인 모르게 녹음된 것이라 하여 이를 위법하게 수집된 증거라고 할 수 없다.

5 녹음테이프와 녹취록

녹음테이프나 녹취록의 증거능력을 유지하려면 원본이거나 원본과 동일성이 인정되는 사본이 있어야 한다. 만약 피고인 진술 녹음이라면 특히 신빙할 수 있는 상태에서 진술됐어야 한다. 또한 공판기일 등에 진술했던 원 진술자가 진술한 대로 녹음되었다는 것, 녹취록을 작성한 사람 등이 밝혀져 있어야 하며 녹음된 내용과 녹취록의 내용이 일치한다는 것이 입증되어야 한다.

6 동영상

동영상도 녹음테이프, 녹취록과 비슷하다. 원본과 동일하거나 사본을 만드는 과정에서 위조 혹은 변조되지 않았다는 게 인정 돼야 한다.

7 문자메시지

문자메시지를 증거로 제출할 경우, 문자메시지가 저장된 휴대전화를 그대로 법정에 제출하는 게 좋다. 만약 제출이 곤란할 경우 문자메시지를 주고받은 화면을 캡처해서 제출하는 것인데, 이 경우 캡처 화면이 휴대전화에 있는 문자메시지 정보와 동일하다는 사실이 증명되어야 한다.

대법원 2008. 11. 13. 선고 2006도2556 판결

구 정보통신망 이용촉진 및 정보보호 등에 관한 법률(2005. 12. 30. 법률 제7812호로 개정되기 전의 것) 제65조 제1항 제3호는 정보통신망을 통하여 공포심이나 불안감을 유발하는 글을 반복적으로 상대방에게 도달하게 하는 행위를 처벌하고 있는바, 검사가 위 죄에 대한 유죄의 증거로 문자정보가 저장되어 있는 휴대전화기를 법정에 제출하는 경우 휴대전화기에 저장된 문자정보는 그 자체가 범행의 직접적인 수단으로서 이를 증거로 사용할 수 있다고 할 것이다. 또한, 검사는 휴대전화기 이용자가 그 문자정보를 읽을 수 있도록 한 휴대전화기의 화면을 촬영한 사진을 증거로 제출할 수도 있을 것인바, 이를 증거로 사용하기 위해서는 문자정보가 저장된 휴대전화기를 법정에 제출할 수 없거나 그 제출이 곤란한 사정이 있고, 그 사진의 영상이 휴대전화기의 화면에 표시된 문자정보와 정확하게 같다는 사실이 증명되어야 할 것이다.(대법원 2002. 10. 22. 선고 2000도5461 판결 참조)

8 도면·사진

도면·사진, 그 밖에 정보를 담기 위하여 만들어진 물건으로서 문서가 아닌 증거의 조사에 관해서는 증거서류에 관한 규정(형사소송법 제292조)과 증거물에 관한 규정(형사소송법 제292조의 2)을 봐야 한다. 증거서류에 준하는 도면·사진 등이 진술의 기능을 담당하는 것으로, 계약서의 사진 복사본 등이 이에 해당되고 범행도구의 사진, 상해 부위를 촬영한 사진, 범행현장의 도면 등은 증거물에 준한다. 사본의 증거 사용 조건은 원본의 존재, 원본 제출의 불능 또는 곤란, 사본의 정확성 등을 조건으로 한다.(대법원 2002. 10. 22. 선고 2005도5461판결 참조)

또 피고인이나 피고인이 아닌 자가 도면·사진 등을 사용해 진술하고 이를 피의자 신문조서 등에 첨부하거나 검증조서 등에 첨부하는 경우 이 도면이나 사진의 증거능력은 조서나 검증조서와 일체로 판단한다. 다만 수사기관의 현장검증 사진은 수사기관에서 피의자의 자백처럼 피고인이 공판정에서 범행 재현의 상황을 부인하는 경우 증거능력이 없다.(대법원 1989. 12. 26. 선고 89도1557 판결 참조)

현장사진은 범행현장이나 그 전후 상황을 촬영한 것으로 현장사진의 촬영주체가 누구인가, 즉, 법원인가, 검사 또는 사법경찰관인가에 따라 증거능력 유무가 판단되고, 사인인 경우 그 촬영자가 공판기일에 출석해 진정성립을 인정하는 진술을 해야 증거능력을 가진다.*

---

*   차정인,《형사소송실무 기록형 형사법》, 신조사, 2017, pp.79~80.

9 거짓말 탐지기

수사절차에서 거짓말 탐지기는 주요한 수사수단이다. 그런데 거짓말 탐지기 검사 결과가 증거능력을 갖기란 쉽지 않다. 거짓말 탐지기의 검사 결과는 일단 몇 가지 전제가 참이어야만 한다. 거짓말을 하면 반드시 심리 상태가 변하며, 이 변한 심리 상태가 반드시 어떤 생리적 반응을 일으키고, 이 생리적 반응에 의해 피검사자의 말이 거짓인지 아닌지가 정확히 판정될 수 있다는 것이다. 또한 장치의 정확성, 합리적인 질문과 방법, 결과를 판독할 검사자의 능력 등이 모두 갖춰져야 한다. 그렇기에 현실적으로 거짓말 탐지기 검사 결과는 피검사자 진술의 신빙성을 결정하는 데 정황증거로서의 역할을 한다. 하지만 본인이 거짓말을 하지 않아도 진술을 한다는 사실 자체로 긴장을 하거나 가슴이 뛰는 등의 생리적 반응이 일어나는 사람이라면 거짓말 탐지기 검사는 받지 않는 게 좋다. 거짓말 탐지기 검사 결과가 결정적인 증거능력을 갖지는 않더라도 거짓으로 나온 것을 나중에 번복하는 건 쉽지 않기 때문이다.

10 디지털 저장매체에서 출력한 문건

출력한 문건을 인정받으려면, 디지털 저장매체에 저장된 내용과 출력된 문건의 동일성이 인정돼야 한다. 또한 디지털 저장매체 원본을 대신하여 저장매체에 저장된 자료를 '하드카피'·'이미

징'한 매체로부터 출력한 문건의 경우에는 디지털 저장매체 원본과 '하드카피'·'이미징'한 매체 사이에 자료의 동일성도 인정되어야 한다. 이 문건의 동일성을 확인하는 과정에서 이용된 컴퓨터의 기계적 정확성, 프로그램의 신뢰성, 입력·처리·출력의 각 단계에서 조작자의 전문적인 기술능력과 정확성도 담보되어야 하며, 문건 작성자 또는 진술자의 진술에 의해 성립의 진정함이 증명돼야 한다. 디지털 저장매체에서 출력한 물건이 증거능력이 있는지 여부를 판단하려면 디지털 포렌식에 대한 전문적인 지식과 증거법에 대한 지식이 함께 필요하다.

11 범인식별 절차

어떤 사건에 용의자가 있을 때 용의자를 범인으로 식별하려면 특별한 사정이 없는 한 확립된 대법원 판결 내용에 따라야 한다. 용의자 한 사람을 목격자와 단독으로 대질시키거나 목격자에게 용의자의 사진 한 장만을 제시해 범인 여부를 확인하게 하는 것은 적법하지 않다. 이 경우 범인으로 유력한 용의자를 놓치는 경우가 생기기도 한다.

대법원 2005. 5. 27. 선고 2004도7363 판결

용의자의 인상착의 등에 의한 범인식별절차에서 용의자 한 사람을 단독으로 목격자와 대질시키거나 용의자의 사진 한 장만을 목격자에게 제시하여 범인 여부를 확인하게 하는 것은, 사람의 기억력의 한계 및 부정확성과 구체적인 상황하에서 용의자나 그 사진상의 인물이 범인으로 의심받고 있다는 무의식적 암시를 목격자에게 줄 수 있는 가능성으로 인하여, 그러한 방식에 의한 범인식별절차에서의 목격자의 진술은, 그 용의자가 종전에 피해자와 안면이 있는 사람이라든가 피해자의 진술 외에도 그 용의자를 범인으로 의심할 만한 다른 정황이 존재한다든가 하는 등의 부가적인 사정이 없는 한 그 신빙성이 낮다고 보아야 할 것이다. 또한 범인식별절차에서의 목격자의 진술을 신빙성이 높다고 평가할 수 있으려면, 범인의 인상착의 등에 관한 목격자의 진술 내지 묘사를 사전에 상세하게 기록한 다음, 용의자를 포함하여 그와 인상착의가 비슷한 여러 사람을 동시에 목격자와 대면시켜 범인을 지목하도록 하여야 하고, 용의자와 비교대상자 및 목격자들이 사전에 서로 접촉하지 못하도록 하여야 하며, 사후에 증거가치를 평가할 수 있도록 대질 과정과 결과를 문자와 사진 등으로 서면화하는 조치를 취하여야 할 것이고, 사진제시에 의한 범인식별 절차에 있어서도 기본적으로 이러한 원칙에 따라야 할 것이다.(대법원 2001. 2. 9. 선고 2000도4946 판결, 2004. 2. 27. 선고 2003도7033 판결 등 참조)

12 통신사실 확인자료

수사기관은 범인 추적을 위해 통화내역이나 휴대전화 기지국

위치 등을 탐색하기도 하고, 전기통신사업자에게 통신사실 확인
자료를 요청할 수 있다. 피의자 또한 자신의 주장을 입증하기 위
해 스스로의 것이나 명의자의 동의를 받아 전기통신 사업자에
게 통화내역 등을 요청할 수 있고 일반적으로 6개월 범위 내에
서 가능하다. 기소 혹은 민사소송의 경우 법원을 통해 통화내역
등 제출 촉탁을 하면 1년 범위 내에서 가능하다.

통신비밀보호법 제13조(범죄수사를 위한 통신사실 확인자료 제공의 절차)

1 검사 또는 사법경찰관은 수사 또는 형의 집행을 위하여 필요
   한 경우 전기통신사업법에 의한 전기통신사업자(이하 "전기통
   신사업자"라 한다)에게 통신사실 확인자료의 열람이나 제출(이
   하 "통신사실 확인자료 제공"이라 한다)을 요청할 수 있다.

2 제1항의 규정에 의한 통신사실 확인자료 제공을 요청하는 경
   우에는 요청사유, 해당 가입자와의 연관성 및 필요한 자료의
   범위를 기록한 서면으로 관할 지방법원(보통군사법원을 포함한
   다. 이하 같다) 또는 지원의 허가를 받아야 한다. 다만, 관할 지
   방법원 또는 지원의 허가를 받을 수 없는 긴급한 사유가 있
   는 때에는 통신사실 확인자료 제공을 요청한 후 지체 없이 그
   허가를 받아 전기통신사업자에게 송부하여야 한다.
   〈개정 2005. 5. 26〉

법문서
잘 쓰기

법문서

소송은 문서로 소통한다. 변론이나 신문 등을 통해 수사관이나 검사 혹은 판사가 당사자의 태도나 진술 등을 보고 판단하는 경우도 있으나 대부분은 문서가 그 역할을 한다. 게다가 수사기관이나 재판부가 변경되면 그때 전달되는 것은 문서밖에 없다. 특별한 의미가 있는 사건의 경우 전임자가 메모를 남기거나 유의사항을 전달할 수도 있지만 이는 의무가 아니다.

    그렇기에 문제는 문서다. 문서에 법적 쟁점과 법률적 판단 등이 기재되어 있다면 이를 법문서라고 할 수 있다. 민사소송에서는 소장, 답변서, 준비서면, 증거신청서, 판결 등이 있고, 형사소송에서는 고소장, 의견서, 변론요지서, 항소장 등이 있다. 이 외에도 법문서는 각 소송의 종류에 따라 헤아릴 수 없을 정도로 많다. 법문서는 그 문서를 읽는 사람, 즉, 조사관이나 검사 혹은 판사의 판단이 작성자가 원하는 대로 나오게 하기 위해 쓰는 것이다. 그러려면 판단자들이 이해하기 쉬운 익숙한 형식과 내용으로 법문서를 작성하는 게 좋다. 그래서 그들은 어떻게 법문서를 작성하는지, 그들에게 익숙한 것은 무엇인지 살펴보려 한다. 별다른 형식이 없는 탄원서를 쓸 때도 법문서에 대한 일반적인 상식과 지식을 갖고 작성한다면 판단자들을 설득한다는 목적을 달성할 수 있을 것이다.

법문서 관련 조항

민사소송규칙 제4조(소송서류의 작성방법 등)

1 소송서류는 간결한 문장으로 분명하게 작성하여야 한다.

2 소송서류는 특별한 사정이 없으면 다음 양식에 따라 세워서 적어야 한다. 〈개정 2016. 8. 1〉

1) 용지는 A4(가로 210mm×세로 297mm) 크기로 하고, 위로부터 45mm, 왼쪽 및 오른쪽으로부터 각각 20mm, 아래로부터 30mm(장수 표시 제외)의 여백을 둔다.

2) 글자 크기는 12포인트(가로 4.2mm×세로 4.2mm) 이상으로
하고, 줄간격은 200% 또는 1.5줄 이상으로 한다.

판결서 작성방식에 관한 권장사항 [재판예규 제625-1호] 제3조 (일반사항)

1) 판결서는 쉬운 단어와 짧은 문장을 사용하고, 형식적 기
재·중복기재·무익한 기재 등을 생략하여 간략하게 작성
한다.

2) 판결서는 그 내용을 파악하기 쉽고 상급심에서 인용하는
데 편리하도록 번호와 제목을 적절히 붙여 작성한다.

3) 숫자는 아랍어 숫자로 쓰되 필요한 경우에는 한글을 혼용
할 수 있다.

4) km·m²·kg·% 등의 단위는 부호 그대로 표기하되 필요
한 경우에는 한글어로 표기할 수 있다.

(경찰청) 범죄수사규칙 제22조 수사서류의 작성

(중략)

2 　경찰관이 수사서류를 작성할 때에는 다음 각 호의 사항에 주
의하여야 한다.

1) 일상용어로 평이한 문구를 사용.

2) 복잡한 사항은 항목을 나누어 기재.

3) 사투리, 약어, 은어 등을 사용하는 경우에는 그대로 기재한
다음에 괄호를 하고 적당한 설명을 붙임.

4) 외국어 또는 학술용어에는 그다음에 괄호를 하고 간단한

설명을 붙임.

5) 지명, 인명 등으로서 읽기 어려울 때 또는 특이한 칭호가 있을 때에는 그다음에 괄호를 하고 음을 기재.

이렇게 법문서는 간결한 문장으로 분명하게 작성해야 하고, 쉬운 단어와 짧은 문장을 사용해 형식적 기재·중복기재·무익한 기재 등을 생략하여 간략하게 작성해야 한다. 또한 판단자들이 내용을 인용할 때 편리하도록 번호와 제목을 적절히 붙여 작성하는 게 좋다.

법문서와 일반문서의 차이점

도재형은《법문서 작성입문》(개정판)에서 다음과 같이 말한다.*

첫째, 법문서 내용은 증거에 의해 제한된다. 소송서류 등은 특정한 사실관계를 전제로 작성되고 또 이 사실관계는 증거로 증명되는 경우에만 생명력을 갖게 된다. 그래서 증거가 없으면 '절대적 진실'은 있을지 모르지만 '법적 진실'은 없다고 생각하는 편이 낫다. 만약 증명될 수도 없는 사실을 염두에 두고 서류를

● 　도재형, 《법문서 작성입문》(개정판), 이화여자대학교 출판문화원, 2018, pp.33~ 35.

작성하면 역공을 당할 수도 있다. 입증 책임을 염두에 두고 사실의 전개 방식과 한도를 정할 수는 있다.

둘째, 법문서는 법령이나 판례, 참고문헌 등을 전제로 한다. 법문서는 그 법문서를 읽을 사람을 설득하는 데 기본적인 임무가 있다. 그래서 그 설득과정은 사실과 이를 뒷받침하는 법령, 판례, 참고문헌, 논리 등을 동원하는 수밖에 없다. 따라서 위 자료 등을 분명하게 이해하고 이를 적절히 활용할 수 있어야 한다.

셋째, 법문서에 일정한 형식이나 기재사항이 강제되는 경우 그에 따라야 한다. 예컨대 민사소송법 제249조에서 '소장에는 당사자와 법정대리인, 청구의 취지와 원인을 적어야 한다'고 되어 있으면 그 법문서에는 '소장, 당사자, 법정대리인, 청구의 취지, 청구원인' 등이 있어야 한다. 재정裁定신청의 경우 형사소송법 제260조 제4항에서 '재정신청서에는 재정신청의 대상이 되는 범죄사실 및 증거 등 재정신청을 이유 있게 하는 사유를 기재해야 한다'고 되어 있으면 '재정신청의 대상이 되는 범죄사실', '증거 등 재정신청을 이유 있게 하는 사유'를 기재해야 한다. 위와 같은 형식을 갖추지 않으면 부적법하여 각하되거나 보정을 명받을 수 있다.

넷째, 법문서는 시간적 제약하에 작성하는 경우가 대부분이라 충분한 시간을 두고 준비해야 한다. 법문서는 소송 과정 중에서 작성되어 제출되는 것이고 일정한 시간이 지나면 아무런 소용이 없기 때문이다. 법에 항소이유서처럼 소송기록 접수통지를 받은 날로부터 20일 이내라고 적시된 경우도 있고, 일반 의견서의 경우 수사기관이나 법원의 경우 의견서 내용이 설득을 위한 경우 설득에 필요한 기간 내에 도착하여 받는 기관이 이를 읽어보거나 확인할 수 있어야 한다. 예컨대 단독판사 사건의 형사 탄원서의 경우 선고기일을 중심으로 좀더 여유가 있을 수 있으나 합의부 사건의 경우 비록 비공개지만 재판부가 합의할 시점 등을 고려하면 좀더 빠르게 문서를 제출하여야 할 것이다.

다섯째, 법문서는 현실적으로 많은 법률 효력을 갖는 문서다. 그래서 그 내용이 한번 외부로 나타나면 이를 전혀 없었던 것으로 할 수 없다. 이미 제출한 것을 철회할 수도 있으나 그 내용이나 실수한 점 등에 대해 다시 인용되어 불이익을 받을 수도 있다. 그렇기에 최선을 다해 실수가 없는 문서가 되어야 한다.

Tip!

법문서 작성

1) 문법에 맞춰 쓸 것
2) 읽기 쉽게 쓸 것
3) 기억이 안 나면 안 나는 대로 쓸 것
4) 상대방의 주장과 논리를 생각하며 쓸 것
5) 진심을 담아 성실하게 쓸 것
6) 근거가 있을 것
7) 문서 작성에 충분한 시간을 가질 것

법문서 작성방법

앞에서 말한 것처럼 법문서는 판단자들을 설득해 자신이 원하는 대로 사실을 인정해주고 판단해주는 데 목적이 있다. 이런 목적을 염두에 두고 다음과 같은 사항을 주의하며 써야 한다.

첫째, 국어 맞춤법과 일반적인 문법에 맞게 글을 써야 한다.

오자나 탈자가 없어야 하고 가능하면 간단명료하게 써라. 둘째, 판단자들이 이해할 수 있는 읽기 쉬운 글이어야 한다. 문서 작성 후에는 제3자가 읽어도 이해가 가능한지 확인해보는 게 좋다. 셋째, 모든 것이 정확해야 한다. 수사나 재판에서는 한 번 사실로 인정받지 못하면 다시 인정을 받는 것이 힘들다. 그래서 처음부터 정확한 단어, 수량, 시간 등을 적고, 기억이 나지 않는다면 기억이 나지 않는 대로 작성해야 한다. 넷째, 상대방의 주장이나 논리를 의식하면서 준비해야 한다. 법문서의 전제는 기본적으로 상대방의 주장이나 논리를 인정하지 않고 이를 반박한다는 것이다. 그렇기에 상대방의 주장이나 논리를 잘 파악해 하나하나 반박함과 동시에 제3자인 판단자들을 의식하며 글을 써야 한다.

다섯째, 진실성과 성실성을 담보해야 한다. 법문서는 설득이 목적이므로 문자 하나, 문장 하나에도 신경을 써야 한다. 탄원서를 쓸 때도 다른 사람이 쓴 것을 참고만 하고, 짧더라도 자신의 이야기를 진심으로 쓰는 게 좋다. 판단자들은 날마다 수많은 탄원서를 읽는다. 같은 목적을 가진 사람들의 탄원서를 숱하게 봐 온 사람들이다. 남을 흉내 내서 쓴 탄원서를 낸다면 판단자들이 쉽게 납득하기 힘들다는 것을 명심해야 한다. 여섯째, 근거가 있어야 한다. 사실인정이든 의견이든, 이를 뒷받침하는 증거, 판례, 학술논문 등의 자료가 있어야 한다. 이런 자료가 없을 경우 이에 대비하는 문구 등을 준비할 필요가 있다.

일곱째, 법문서의 퇴고는 시간을 갖고 여유 있게 하는 것이 좋다. 여러 번 보며 앞뒤 문맥도 조절하고 새로운 쟁점을 정리하거나 판례를 인용하며 다시 한번 사실을 확인하는 게 좋기 때문이다. 특히 법문서에 기재한 사실관계는 반드시 사실을 경험한 사람의 확인을 받아야 한다. 법률 전문가의 도움 없이 '나홀로 소송'을 하는 사람이라면 중요한 서면, 즉, 공소사실인부나 증거인부, 변론 요지서 등을 작성하고, 복잡한 사안의 경우 법률 전문가의 검토를 거치는 것도 좋다.

탄원서를 작성하는 비법이 있을까?

탄원서란, 결정권이 있거나 결정에 영향을 미치는 사람에게 자신의 사정 혹은 다른 사람의 사정을 말해 자신 혹은 자신의 편에 유리한 판결을 받기 위해 제출하는 문서다. 특별한 형식은 없지만 받는 사람이 어떤 사건에 관련된 내용인지 알 수 있도록 통상 사건번호, 사건 관련자, 탄원내용, 보내는 사람의 인적사항 그리고 탄원내용을 뒷받침할 수 있는 자료 등을 첨부한다.

탄원내용은 보내는 사람의 입장에 따라 내용이 다를 수 있다. 구속된 피의자가 수사하는 검사 혹은 구속영장을 심사하는 판사에게 보낼 수도 있고, 고소인이 판사에게 피고인을 엄벌에 처해달라고 쓸 수도 있다. 다만 그 내용에는 진실성이 있어야 한다. 반성한다는 내용이 담긴 같은 탄원서를 계속 제출하면 과연 보는 사람이 감동을 받을까? 받는 사람의 생각을 바꿀 수 있는 내용이 담긴 탄원서 한 장이 더 좋을 수 있다. 피의자의 사회적 유대관계를 나타내야 한다면 탄원인 여러 명이 내는 것도 좋은 방법이다.

잊지 말아야 할 것은, 탄원서를 낼 때 상대방을 잘 선택해야 한다는 것이다. 최근 탄원서를 청와대에 내면 판사나 검사에게 영향을 미칠 거라 생각하는 사람이 많다. 문재인 정부에서는 20만 명이 넘는 사람이 청와대에 청원을 하면 담당 비서관이나 기관이 답을 해주지만 형사문제는 청와대의 업무가 아니다. 가령 누군가를 처벌해달라거나 용서해달라는 국민청원은 형사문제에 해당되고, 청와대는 특별한 사정이 없는 한 해당 부처로 보내 절차에 따라 처리하게 한다. 그렇기에 직접 수사를 하는 검찰청이나 경찰서, 법원에 보내는 것이 더 낫다. 어느 곳으로 보내든 결국에는 실제로 사건을 담당하는 곳으로 탄원서가 돌아오게 되어 있다.

탄원서(예시)

사건: 2019-000 명예훼손

탄원인　A

피탄원인　B

1. 저는 B를 상담했던 상담사 A입니다. C대학 겸임교수이며 D 상담센터 소장입니다. 얼마 전 B의 엄마로부터 이번 사건 경위를 듣고 놀랍고 안타까운 마음으로 이렇게 글을 쓰게 되었습니다. 오랜 기간 많은 사람들을 상담했지만 이렇게 탄원서를 쓰는 것은 처음입니다.
우선 졸지에 피해를 당하신 피해자님께 B를 대신하여 죄송하다는 말씀을 드리고 싶습니다.

2. 저는 B를 중학교 2학년부터 고등학교, 재수 시절 그리고 대학교 3학년까지 상담했습니다. 처음 B가 상담실에 왔을 때, 심한 불안과 대인기피증, 그리고 분노조절의 어려움으로 상당히 불안정한 상태였습니다. 혼자 버스나 지하철도 탈 수 없었습니다. 가정의 상황도 상당히 좋지 않았습니다. 동거하고 있는 독선적인 외조부의 영향 아래 억눌려 있는 아버지와 우울한 어머니의 영향으로 B는 심리적 손상을 많이 받고 있는 상태였습니다. B는 세상의 온갖 것들, 부모님, 친구, 선생님, 버스, 동물 등등 모든 것에 대해 두려움이 많았고 한 걸음도 앞으로 나갈 수 없는 마음이었습니다. B가 느끼는 세상은 위협적이고 예측할 수 없으며 집어 삼켜버릴 것 같은 두려움의 세상이었습니다.
치료 초기 상담자로서 많은 고민을 했습니다. 이 어려운 아이를 병원으로 보내야 할까 우리가 맡아야 할까 회의도 하고 심리평가도 했습니다. 매우 어렵지만 최선을 다해 치료를 하기로 하고 팀을 구성해 가족과 B를 따로 치료했습니다.

3. B의 어머니는 오랜 기간 아이를 데리고 먼 거리를 오갔습니다. 치료는 더뎠지만 몇 년이 지나는 동안 아이가 세상에 적응해가기 시작했습니다. 가족과도 조금씩 가까워지고 학교 공부도 더 열심히 했습니다. 버스를 타기 시작했고 분노도 줄었습니다. 그리고 재수를 해서 E대학 경영학과에 들어갔습니다. 놀라운 성과였습니다. 대학을 들어가서도 친구들과 대화하고 친밀감을 가지기 위해 상담도 하고 노력했습니다. 그러나 여전히 보통의 아이들보다 힘든 부분을 지닌 채로 군대에 가게 되었습니다. 우려도 했고 가기 전에 함께 여러 상황들을 의논하기도 했습니다. 걱정했던 것보다는 군대 생활에 적응을 잘했고 그만하면 이제 세상에 적응할 만하게 자랐구나, 하고 생각하면서 안도했습니다. 군대 제대를 한 뒤 한 번 만났고 몇 년이 흘렀습니다.

4. 오랜 기간 함께했기에, 그리고 누구보다 몸부림치며 적응하기 위해 노력했던 아이였기에 B는 잊을 수 없는 내담자였습니다. 며칠 전 이번 사건을 알게 되고 얼마나 안타까웠는지 모릅니다. 심리적으로 여전히 취약한 부분이 있기에 이런 일이 일어난 것으로 보입니다. 아직도 대인관계가 원활하지 못하고 고립되어 있으며 대학교 4학년으로 취업에 대한 불안, 미래에 대한 불확실성 등이 이런 식으로 잘못 표출된 같습니다.
B와 오랜만에 통화를 했을 때 B도 자신이 잘못했다는 것을 인지하고 있고 본인이 부족했다는 것 분명하게 느끼고 있었습니다.

5. B는 이번 기회를 계기로 자신의 심리에 대해 불안정한 부분, 고립되어 있어서 생각이 편협한 부분 등 문제점을 인식하고 좀더 열린 안정된 마음을 위해 개인 상담 치료, 대인관계 훈련 등을 하기로 하였습니다.

아무쪼록 B는 아직 젊고, 자신의 잘못을 뼈저리게 반성하고

있으며 가족들이 다 함께 정상적인 사회생활을 위해 노력하고
있으니 이번에 한하여 선처 바랍니다.
피해자님께 다시 한번 대신 사죄드리며 B에 대한 선처를 당부
드립니다.
감사합니다.

첨부: 자격증(상담심리전문가) 1통. 끝.

2019년 00월 00일
탄원인 : A
(연락처: 010-0000-0000)

재판보다는
화해

합의는 필요하다

사건은 이미 터졌다. 한쪽은 가해자고 한쪽은 피해자다. 누군가
는 민사적 책임으로 돈을 물어줘야 하고 형사적 책임으로는 징
역을 살거나 벌금을 물어야 될지도 모른다. 이런 책임을 물으려
면 거기에 따른 증거와 이를 뒷받침하는 법리가 있어야 하고, 누
가 진짜 피해자가 될지는 수사와 재판을 해봐야 안다. 그전에는
아무도 모른다. 오늘은 이런 결과가 나올 거라 예상해도 판관이
누구냐에 따라 결론은 달라진다. 흔히 말하는 전관이나 연고관
계로 변호사를 선임하고 고소장을 접수하거나 소송을 제기했는

데 얼마 지나지 않아 검사와 판사가 바뀌는 경우도 있다. 검사나 판사는 수시로 인사이동을 하는 자리이기 때문이다. 그 사이에 새로운 대법원 판결이 나올 수도 있다. 소송을 할 때는 어제와 오늘이 다르다. 어떤 변수가 생길지 모르는 지난한 과정에서 가해자로 추정되는 사람은 무슨 일을 해야 할까. 아무 잘못이나 증거가 전혀 없더라도, 피해를 입었다고 주장하는 사람과 화해를 생각하는 게 좋다. 각 사건의 진행 정도에 따라 화해는 일정한 영향을 주기 때문이다. 피해자 측과의 합의가 각 단계별로 어떤 영향을 주는지 살펴보자.

첫째, 사건이 되기 전, 즉 고소나 고발이 없거나 수사기관이 인지하기 전에 화해를 하면 공식적으로는 '아무 일이 없는 게된다.' 범죄경력표나 수사자료표에 기재될 일이 없기 때문이다. 제3자는 그 흔적을 찾을 수 없다.

얼마 전 상담이 들어왔다. 키우던 개가 아파서 A병원에 갔단다. 그런데 A병원에서 진단을 잘못해 제대로 된 치료를 받지 못했다. 이후 D병원에서 치료를 받고 건강해졌다. 개 주인은 이런 내용을 지인 몇 사람이 있는 단톡방에 보냈다. 하지만 그 단톡방에 있던 사람 중 한 명이 A병원장과 아는 사이였고, 얼마 후 A병원장을 대리한다는 변호사 사무실에서 전화가 왔단다. 개 주인이 보낸 카톡으로 엄청난 피해를 입었고 고소를 하기 전에 미리 전화를 한 것이라고 했다. 변호사는 고소를 피하고 싶다면 잘못을 사죄하고 손해배상을 하라고 했단다.

이 경우 변호사는 사안이 어느 법리에 걸려 있는지를 따져본다. 만약 허위사실로 A병원장 개인의 명예를 훼손하고 이로 인해 병원이 손해를 봤다면, 첫째, 정보통신망 이용촉진 및 정보보호 등에 관한 법률 제70조 제2항(사람을 비방할 목적으로 정보통신망을 통하여 공공연하게 거짓의 사실을 드러내어 다른 사람의 명예를 훼손한 자는 7년 이하의 징역, 10년 이하의 자격정지 또는 5천만 원 이하의 벌금에 처한다)에 해당된다. 또한 형법 제314조 업무방해죄(허위사실을 유포하거나 기타 위계 또는 위력으로써 사람의 업무를 방해한 자는 5년 이하의 징역 또는 1500만 원 이하의 벌금에 처한다)에 해당한다. 그 내용이 사실인 경우에도 같은 법률 제70조 제1항(사람을 비방할 목적으로 정보통신망을 통하여 공공연하게 사실을 드러내어 다른 사람의 명예를 훼손한 자는 3년 이하의 징역 또는 3천만 원 이하의 벌금에 처한다)에 해당한다. 즉, 가해자 측에서 무죄를 입증하지 않으면 벌금을 물거나 재판을 받아 징역 혹은 집행유예를 받게 되는 상황이다. 그러면 범죄경력이나 범죄조회표에 기록이 되고 벌금이나 민사책임 등으로 물질적 손해를 본다. 더 나아가 가해자로 추정되는 사람은 어떤 결과가 나오기까지 오랜 시간 동안 심리적 고통을 감내할 수밖에 없게 된다.

그래서 상담자에게 우선 A병원장 변호사와 타협을 해보라고 했다. 특히 요새는 변호사나 법무법인 등에서 명예훼손이나 저작권법 위반 등을 부러 찾아 사건화하기도 한다. 이런 사건은 소액을 받고 합의를 해주는 경우도 있으니 일단 부딪쳐보라고 했다. 지불할 수 있는 수준이면 합의를 하고, 그렇지 않으면 사건을 잘 정리해서 야무지게 싸우라고 했다. 물론 가능하면 합의를 하는 게 가장 좋다고 말했다. 언제 끝날지 모를 법정 투쟁을 하느니 약간 손해를 보더라도 정리하는 것이 낫기 때문이다.

둘째, 고소(고발) 신청은 했지만 수사가 시작되지 않은 경우다. 고소나 고발 접수가 수리되었다면 사법경찰관이나 검사는 죄가 있는지 없는지 등의 결론을 내야 한다. 그런데 고소인(고발인)과 피고소인(피고발인)이 자발적으로 혹은 형사조정절차로 합의가 되면 더 이상 사건을 수사하지 않고 각하하거나 기소유예 처분을 내릴 수 있다. 여기서 각하는 사건의 실체를 확인하지 않고 사건을 종결한다는 것이다. 물론 관련자료 등을 검토한 결과 범죄혐의가 있다고 판단되면 수사를 진행하지만, 합의를 했기 때문에 처벌 시 감경할 수는 있다. 그리고 합의되었다는 정상이 더해졌으니 기소되지 않고 기소유예될 수도 있다. 그래서 수사가 진행되기 전에 고소인과 합의할 여지가 있다면 수사기관에 합의 기간을 위한 조사 연기신청 등을 할 필요가 있다. 연기신청서는 가급적 문서로 제출하는 게 좋다. 전화로 하면 그 흔적이 없어질 수도 있고 담당자가 바뀔 수도 있기 때문이다.

내용증명

수신: A 조사관님
  서울 서초구 반포대로 179 서초경찰서 수사과 지능범죄팀

발신: B
  서울 서초구 사임당로 17

제목: 기일 연기 신청서
1. 저는 서울중앙지방검찰청 2019 형 제0000호 사건의 피고소인입니다.
2. 다름이 아니오라 고소인과 합의 중에 있으니 상당기간 조사를 연기하여주시기 바랍니다.

조사 요망 기한: 2019.00.00.까지

발신인   B

고소취소장

사 건: 2019-0000 사기
고소인: A
피의자(피고소인): B

위 사건에 관하여 고소인은 피의자(피고소인)와 원만히 합의하
여 피해금액 100,000,000원을 받고 고소를 취소하고자 하오
니, 피의자(피고소인)에 대하여 관대한 처분을 하여주시기 바랍
니다.
첨부: 인감증명서(A) 1통. 끝.

2019. . .

고소인   성명:
　　　　주민등록번호:
　　　　주소:

서초경찰서장님(C 조사관님) 귀중

합의서

사건: 2019- 0000 사기
피해자: A
가해자: B

위 사건에 관하여 가해자는 피해자에게 그 잘못에 대해 깊이
사과하고, 원만히 합의하였으니 가해자에 대한 관대한 처분을
하여주시기 바랍니다.
첨부: 인감증명서(A) 1통.

2019. . .

고소인   성명:
　　　　주민등록번호:
　　　　주소:

서초경찰서장님(C 조사관님) 귀중

고소(고발)사건은 고소(고발)취소장을, 인지사건은 합의서를 고소인이나 피해자가 직접 수사기관에 제출해야 한다. 피고소인이나 가해자가 서면을 낼 때는 고소인이나 피해자의 인감증명서를 꼭 첨부해야 한다.

전에도 비슷한 전과로 구속경력이 있는 A가 다시 비슷한 일로 필자의 사무실에 찾아왔다. A의 지인 B는 대출이 어려운 상황에서 대출을 받으려 했고, 은행 직원을 알고 있는 A에게 사례비 및 생활비로 3천만 원을 주며 대출이 가능하게 해달라고 부탁했다. 하지만 B는 대출을 받지 못해 결국 다른 은행에서 대출을 받았고, 이후 A에게 자신이 준 돈을 전부 돌려달라며 사기죄로 고소를 한 것이다. 어떻게 하면 좋겠냐는 A의 상황을 정리해보니 일부러 거짓말을 한 것 같지는 않았다. 대출을 부탁하며 은행 직원에게 자신이 받은 사례비를 조금 나눠줬지만 그 직원에 대해서는 함구하겠다고 했다. 그렇다면 결국 A가 거짓말한 꼴이 되어 유죄를 면하지 못할 것 같았다. 그래서 사건을 수사하고 있는 경찰에 조사 시기를 연기해달라고 신청하고 고소인인 B와 화해를 시도해봤다. B를 만나 사정하고 천만 원가량으로 합의할 수 있는지 등을 알아보려 했지만 B는 만나주지 않았다. 하지만 A는 과거 전과가 있어 구속될 여지가 충분했다. 경찰 조사가 시작되기 전에 어떻게든 합의를 봐야 했기에 약간의 돈을 더 주고 합의를 끌어냈다. 사건은 각하 처분을 받았다.

Tip!

기소되었다 해도 합의
는 중요한 참작사유다.
무죄를 주장하는 경우
라도 합의는 중요하다
는 걸 잊지 말자.

셋째, 기소된 경우다. 기소가 되었다고 해도 합의는 형법 제 51조에 있는 양형의 조건이나 대법원양형위원회의 양형기준인 '피해회복을 위한 노력' 혹은 '처벌불원'(자의적 피해 회복 또는 피해 회복을 위한 진지한 노력 포함) 등으로 중요한 참작사유다. 그래서 무죄를 주장하는 경우라도 합의를 진행할 필요가 있다. 특히 재산 문제의 경우 형사책임은 없어도 민사책임을 지는 경우도 있고, 명백한 무죄 증거가 없는 한 어떤 판결이 나올지 모르기 때문이다. 만약 무죄가 나올 것으로 예상해 합의나 공탁을 하지 않았는데 유죄가 나올 경우 '뉘우치는 마음이 없는 것'으로 가중참작 사유가 되어 양형이 더욱 나빠질 수밖에 없다. 특히 반의사불벌죄나 친고죄의 경우 합의는 가장 중요한 현안일 수 있다.

얼마 전에는 이런 사건을 수임했다. 오래된 정미소를 담보로 돈을 빌렸는데 약속한 기일에 돈을 갚지 않아 바로 사기죄로 고소당해 기소되고 선고 때 구속된 사건이었다. 피고인이 거짓말을 한 적은 없었지만 많은 금액을 빌리긴 했다. 차용금 변제기일은 두 달 뒤였는데, 그 기일이 지나자마자 고소를 했단다. 빌린 돈이니 갚아야 하는 것이 맞지만 변호인이 1심에서 무죄를 받을 거라고 해서 전혀 합의를 시도하지 않았다. 하지만 재판부가 유죄를 선고하며 바로 구속을 해버렸다는 것이다. 의뢰인은 지금 규모가 큰 사업을 진행 중인데 구속되어 그 사업까지 망칠 우려가 있다며 어떻게 하면 좋을지 자문을 구했다.

어차피 줘야 할 돈이고 피고인이 구속되면 고소인도 돈을 받기 어려운 상황이 될 수 있으니 적정한 현금을 주거나 사업에서 나올 수익을 나누는 등 최선을 다해 합의를 보는 게 좋은 상황이었는데 합의라는 선택지를 너무 간과한 것이다. 물론 항소를 결정하고, 기록을 검토해봤을 때 무죄가 나올 충분한 근거가 있다면 무죄 변론을 하겠지만, 그렇든 그렇지 않든 집행유예 결격자는 합의를 봐야 벌금형이라도 나올 여지가 있다고 말해줬다.

꾸준한 화해 시도

소송은 힘든 싸움이다. 누군가의 말대로 이길 때까지 싸움을 계속하는 것이다. 그동안 실패도 있고 실수도 있겠지만 그 실패와 실수를 최소화해야 한다. 이 과정에서 몇 가지 염두에 두어야 할 것이 있다.

첫째, 처음부터 화해를 생각하고 행동해야 한다. 소송 시작부터 상대방과 화해를 할 수 있다는 전제를 놓지 않기 바란다. 상대방과는 어떤 식으로든 결말을 맺어야 한다. 나중에라도 화해할 수 있는 포석을 하나씩 놓아두는 게 지혜로운 행동이다.

둘째, 상대방의 태도에 감정적으로 대응하면 안 된다. 피해자는 격앙되어 있고 일단 가해자가 된 사람에 비해 갑의 입장이다.

그래서 가능하면 많은 금액을 보상받으려 하고 좀더 까다롭게 굴 수도 있다. 하지만 그건 피해자의 입장일 뿐이다. 아직 확정된 형도 없고, 가해자 입장에 있는 사람이 모든 걸 다 들어줘야 하는 것도 아니다. 터무니없는 요구를 한다고 감정적으로 대응하지 말고, 시간을 갖고 기다리는 게 좋다. 재판을 성실하게 준비한다면 피해자 입장과 가해자 입장 사이의 간격은 좁아질 것이다.

검사 때 일이다. 버스 회사를 운영하는 사람이 있었다. 그 사람은 가끔 기사가 교통사고를 내면 사과를 하러 피해자 측을 찾아갔다. 감정이 격해진 피해자 측에서 이분의 멱살을 잡으며 절대 용서하지 않을 거라고 말하는 일도 허다하다고 했다. 그럼에도 그런 과정 중에 자연스레 합의를 보게 되는 경우가 생겼다. 멱살을 잡던 피해자 측도 일부러 사고를 냈겠냐며 누그러지기도 한다는 것이다. 이 사람처럼 공손하고 사려 깊은 태도로 일단은 부딪쳐보는 게 낫다.

셋째, 현재 자신의 상황을 정리해야 한다. 합의를 하려면 돈이 필요한데, 피해자 측에게 제시할 수 있는 최대 금액은 얼마인지, 상대방은 어느 정도 요구할 것 같은지 등을 생각해봐야 한다. 합의 과정은 하나의 게임이다. 처음 제시하는 합의금에서 낮아질 가능성은 없다. 그렇기에 최대한으로 줄 수 있는 금액이 500만 원이라면 150 혹은 200만 원에서 시작해야 할지도 모른다.

넷째, 합의할 생각으로 끈질기게 접근해야 한다. 수사기관에서 조사를 받을 때부터 사실관계만 주장하는 것이 좋다. 굳이 피해자의 감정선까지 건드리는 것은 여러모로 좋지 않다. 특히 성폭력 사건 같은 경우 가해자 측이 구속되면 모든 것이 끝나고, 피해자와는 더 이상 합의를 할 수 없을지도 모른다. 그러니 처음부터 여러 가지 방안을 조심스럽게 모색하는 것이 좋다. 이렇게 되면, 많은 경우 합의에 이른다.

몇 년 전 재미교포 A의 성폭력 사건을 맡은 적이 있다. 태국인 아버지와 한국인 어머니 사이에서 태어난 A는 한국에서 영어강사를 하고 있었다. 어느 날 친구의 소개로 피해자와 같이 술을 마시게 됐다. A는 자신도, 피해자도 만취상태였기에 함께 피해자의 집에 갔다고 했다. 피해자는 집에서 성폭행을 당했다고 주장했고, A는 폭력까지 사용해가며 강간을 할 이유가 없다고 주장했다. A는 1심에서 범행을 극구 부인했고 결국 준강간죄로 징역 2년에 구속되어 항소를 한 상황이었다. 무죄가 어려운 상황이었고, 이 경우 결국 피해자와 합의를 보는 것밖에는 답이 없었다. 그래서 피해자를 만나 합의 의사를 확인해보고 만약 그게 어렵다면 피해자의 변호사를 통해 합의를 추진하려 했다. 다행히 피해자의 인적사항을 바로 알아낼 수 있었으나 행적은 알 수가 없었다. 그래서 피해자의 변호사에게 합의 의사를 밝혔지만 피해자 측은 합의를 거부했다. 그럼에도 가해자는 피해자를 위해 천만 원을 공탁한 뒤 다시 피해자의 변호사를 통해 합의를 추진했다. 그 결과 며칠 뒤 합의가 됐고, A는 집행유예로 풀려났다.

다섯째, 합의가 안 되면 공탁을 검토한다. 개인적 법익 사건, 즉, 사기죄나 횡령죄, 명예훼손 등은 양형에 있어 합의가 가장 중요한 요소다. 하지만 합의가 되지 않는다면 차선책으로는 공탁이 있다. 공탁은 금전이나 유가증권 등 기타 물품을 공탁소에 맡기는 것을 말한다. 공탁자는 피공탁자인 피해자를 위한 공탁금을 공탁소에 공탁하고, 공탁증서를 수사기관이나 법원에 제출하여 정상참작 사유로 삼을 수 있다.

우리나라는 피해자의 주민등록번호나 주소지를 모르면 공탁금을 맡길 수 없기 때문에, 공탁에서 가장 중요한 것은 피해자의 주민등록번호와 주소지를 파악하는 것이다. 만약 파악하지 못하면 피해자의 연락처를 알고 있는 수사기관이나 법원에 정보공개를 청구하는 방법이 있다. 물론 수사기관이나 법원에서는 피해자가 동의하는 경우에만 정보를 공개한다. 또 공탁금을 얼마나 해야 하는지도 고민일 수 있다. 원칙적으로 피해가 회복될 정도의 금액은 되어야 한다. 그렇기에 통상 정상참작에 도움이 될 만한 공탁은 합의를 하는 경우보다 더 많은 돈이 든다.

형사조정제도

Tip!

고소가 없어도 기소할 수 있지만, 피해자가 범인의 처벌을 원하지 않는 경우 기소할 수 없는 죄를 말한다. 기소 후에 그런 의사를 내보였다면 재판을 종료해야 한다. 명예훼손죄, 폭행 및 존속폭행죄 등이 이에 해당한다.

화해의 방법 중 하나로 형사조정제도라는 것이 있다. 어떤 사건을 법적 해결이 아닌, 사건 당사자들 간의 조정을 통해 원만하게 해결한다는 것이다. 형사조정 대상사건으로는 재산범죄, 개인 간 명예훼손 등 사적 분쟁에 대한 고소사건, 기타 형사조정에 회부하는 것이 분쟁 해결에 적합하다고 판단되는 사건 등이 있다. 다만, 피의자가 도주나 증거 인멸의 염려가 있는 경우, 혐의가 없거나 공소권 없음 등이 명백한 경우 등은 제외된다.

형사조정위원회는 지방검찰청, 지청에 설치하되 2명 이상의 형사조정위원으로 구성된다. 조정위원은 형사조정에 필요한 조정능력 및 법적 지식 등의 전문성과 학식·덕망을 갖춘 사람으로 해당 분야 전문가라 할 수 있다. 보통 형사조정위원은 3명으로 구성한다.

검사는 형사조정이 성립되어 고소가 취소되거나 합의서가 작성된 사건 중 친고죄나 반의사불벌죄에 해당되어 공소권 없음 처분 대상이 아닌 경우 각하처분 결정을 내릴 수 있다. 관련 자료 등을 검토한 결과 범죄혐의가 있다고 판단하면 일단 수사를 진행한 뒤 처벌 시 감경하는 방향으로 간다.

결국 형사조정은 수사과정에서 고소를 취소하거나 합의를 해 분쟁을 해결하는 것을 목적으로 한다. 검찰 입장에서는 계속되는 고소·고발이나 공소제기 등 분쟁을 줄일 수 있기에 형사조정을 권장하기도 한다. 그렇기에 신속하게 분쟁을 해결하거나 법적 분쟁은 피하고 싶다면 형사조정제도를 활용해보는 게 좋다.

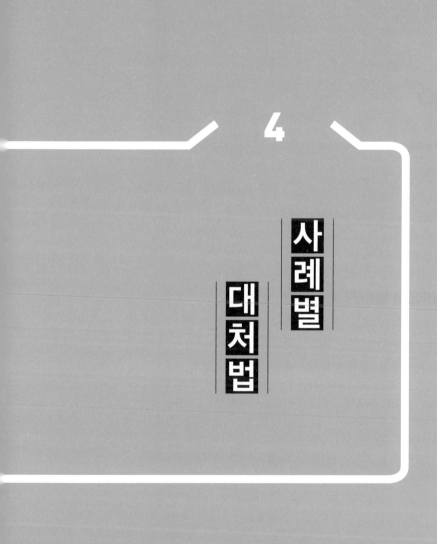

4

사례별
대처법

폭행

술자리에서 벌어진 폭행사건

오랜만에 친구들과 술자리를 가졌다. 거나하게 취한 옆자리 취객이 시비를 걸어왔고, 화를 참지 못해 고성과 가벼운 몸싸움이 오갔다. 그때 술집 직원이 싸움을 말리러 왔고, 그 과정에서 직원을 때리게 됐다. 직원 몸에 상처가 나진 않았지만, 술집 CCTV에 폭행 장면이 기록되어 있고, 경찰에 신고가 접수됐다. 피해자를 찾아가야 하는 걸까? 경찰의 연락을 기다려야 할까? 형사처벌을 받게 되는 걸까?

▌상황판단

술집에서 몸싸움이 있었고 직원을 때렸다. 경찰에 신고도 접수됐다. 적어도 사건이 발생된 건 맞고, 누군가는 책임을 져야 하는 상황이다. 이제 어떻게 상황을 처리해나갈까. 이와 관련된 민·형사상의 책임은 어떤 법령에 의하는 것이며, 만약 책임을 묻는다면 어떤 절차를 거칠까. 평소 상식이나 자신의 법적 지식에 의지하는 게 어렵거나 복잡하다면 전문가에게 자문을 얻을 수도 있다. 급한 경우 자문은 전화로도 가능하다. 이제부터가 시작이다.

▌실체적 상황

폭행은 상대방에게 유형력을 행사하는 행위다. 판례를 보면 의외로 폭행의 인정범위가 넓다. 물리적인 형태로 상대방을 가격해 불쾌하거나 불이익한 상황을 만든다면 폭행이다. 폭행죄는 형법 제260조 제1항에 의해 '2년 이하의 징역, 500만 원 이하의 벌금, 구류 또는 과료에' 처하게 된다.

'몸싸움'은 서로 상대방에게 유형력을 가했다는 것이다. 서로 멱살을 잡고 실갱이를 하는 것 등이 '몸싸움'일 것이다. 이런 경우는 흔히 쌍방폭행이고 결국 양쪽 다 처벌받게 된다. 싸울 이유가 있었을 수는 있지만 형사적 책임 성립에 절대적인 영향은 없다. 앞의 사례 같은 시비가 있을 때 책임을 지지 않으려면 상대방에게 유형력을 행사하는 일이 없어야 한다.

그리고 싸움을 만류한 술집 직원을 일방적으로 폭행한 부분
은 가해자만 처벌을 받게 된다. 물론 술집 직원은 피해자로서 가
해자를 선처하거나 수사기관에 처벌을 구할 수 있는 위치에 있
게 된다.

▎절차적 상황

취객과 몸싸움이 있었고 만류하는 직원을 때렸으니 몸싸움을
한 상대방과 술집 직원에 대한 폭행죄가 성립한다. 게다가 경찰
에 신고까지 되어 있다. 경찰에 신고가 되었다는 것은 범죄의 단
서를 제공한 셈이다. 신고를 받은 경찰은 현장에 출동할 것이고
피해자를 가까운 파출소 등에 데려가 간단한 조사를 한다. 이때
피해자에게 처벌의사가 없다면 그냥 돌려보내지만, 대개는 처벌
의사를 표하기 마련이다. 또한 경찰에서 조사를 하는 경우 법원,
검찰, 경찰이 함께 사용하는 형사사법포털에 모든 것이 입력된
다. 만약 여기에 입력되는 걸 원하지 않는다면 피해자가 처벌의
사를 밝히기 전에 사건화되는 것을 막아야 한다. 신고 자체만으
로는 범죄의 단서에 불과하기 때문이다. 만약 피해자가 처벌의
사를 계속 표한다면, 사건은 사법포털에 입력되고 관할 파출소
에서 간단히 조사를 받거나 진술서를 작성한 후 관할 경찰서로
인계되어 조사한 후 검찰에 송치되게 된다. 그러니 합의를 보려
면 사법포털에 입력되기 전에 보는 것이 가장 좋다.

쌍방폭행 및 상해

운전을 하는데 상대방 과실로 사고가 날 뻔했고, 상대방과 실랑이를 벌이다 결국 치고받고 싸우게 됐다. 이 일 때문에 함께 경찰서에 가서 조사를 받았다. 먼저 때린 건 상대방이지만, 내가 상대방을 더 많이 때렸다. 나는 다친 곳이 없지만 상대방은 꽤 많이 다친 것 같았다. 일이 더 커지는 건 싫어 경찰에게 합의를 원한다고 말했다. 며칠 뒤 상대방이 전화를 했다. 코뼈가 부러졌고, 전치 3주가 나왔다고 했다. 사과도 했는데 합의할 마음이 없다고 했다. 벌금형에 처하는 걸까? 치료비도 줘야 하는 건가?

▌상황판단

운전을 하다 보면 여러 가지 불쾌한 일이 일어날 수 있다. 내가 잘못할 수도 있고 상대방이 잘못할 수도 있다. 그런데 이런 불쾌한 일에 일일이 반응하는 사람이 있는가 하면 이를 무시하는 사람도 있다. 손뼉도 마주쳐야 소리가 난다. 한쪽이 피하거나 포기하면 소리는 나지 않는 법이다. 폭행도 마찬가지다. 두 사람 다 화를 참지 못하고 감정대로만 하면 상해죄 내지는 폭행죄로 이행되어 국가의 통제를 받는다. 정말 안 좋은 경우라면 징역도 살 수 있는 상황에 처하게 된다. 결과적으로 화를 낸다는 것은 스스로에게 벌을 주는 거나 마찬가지다. 화를 내게 한 사람은 희희낙락하고 있는데 실제로는 자신이 벌을 받을 수도 있는 상황에 처한다면, 이런 바보가 어디 있는가.

▍ 실체적 상황

기본적으로 서로 멱살잡이를 하고 치고받고 싸웠다면 쌍방은 폭행죄에 걸리게 된다. 그런데다 일방적인 피해자가 자동차 운전자라면 특정범죄 가중처벌 등에 관한 법률 제5조의 10에 의해 가중처벌될 수 있다.

특정범죄 가중처벌 등에 관한 법률 제5조의10
(운행 중인 자동차 운전자에 대한 폭행 등의 가중처벌)

① 운행 중(〈여객자동차 운수사업법〉 제2조 제3호에 따른 여객자동차 운송사업을 위하여 사용되는 자동차를 운행하는 중 운전자가 여객의 승차·하차 등을 위하여 일시 정차한 경우를 포함한다)인 자동차의 운전자를 폭행하거나 협박한 사람은 5년 이하의 징역 또는 2천만 원 이하의 벌금에 처한다. 〈개정 2015. 6. 22.〉

② 제1항의 죄를 범하여 사람을 상해에 이르게 한 경우에는 3년 이상의 유기징역에 처하고, 사망에 이르게 한 경우에는 무기 또는 5년 이상의 징역에 처한다.

쌍방폭행은 말 그대로 쌍방 모두 처벌을 한다. 먼저 시비를 걸거나 더 나쁜 동기를 가진 사람을 더 많이 처벌하는 게 아니다. 서로 치고받고 싸웠는데 상대방만 전치 3주의 상해가 나왔다면 때린 사람은 상해죄인, 상대방은 폭행죄인이 된다. 폭행죄는 반

의사불벌죄에 해당하고 형량은 2년 이하의 징역, 500만 원 이하
의 벌금, 구류 또는 과료에 처한다. 하지만 상해죄는 반의사불벌
죄가 아니고, 형량이 7년 이하의 징역 1천만 원 이하의 벌금에
처한다. 즉, 폭행죄보다는 상해죄의 형량이 더 무거운 것이다.
이 상황이라면 서로 합의를 한다 해도 폭행을 한 상대방은 공소
권 없음 불기소 처분되지만 상대방에게 상해를 입힌 사람은 기
소 혹은 기소유예의 길만 있을 뿐이다.

그럼 상해죄가 되는 상해는 무엇일까. 흔히 몸에 상처가 나면
상해죄가 된다고 하는데 판례를 보면 상처가 있어도 상해죄가
성립되지 않는 경우도 있다.

대법원 1987. 10. 26. 선고 87도1880 판결

원심이 유지하고 있는 제1심 판결 이유에 의하면, 제1심은 그
거시의 증거들을 종합하여 피고인이 피해자를 강간하려다가
미수에 그치고 그 과정에서 위 피해자의 왼쪽 손바닥에 약 2센
티미터 정도의 긁힌 가벼운 상처가 발생하기는 하였으나 그
정도의 상처는 일상생활에서 얼마든지 생길 수 있는 극히 경
미한 상처로서 굳이 치료할 필요도 없고 그 때문에 치료를 받
기 위하여 병원에 오는 사람도 거의 없으며, 그대로 두어도 이
삼일 정도 지나면 원상회복되는 매우 일상적인 상처인 사실
및 위 피해자가 위의 상처를 입은 직후에는 그 상처에 약간 피
가 비쳤고 쓰라림이 있었으나 그날 오후에 병원에 갈 때만 해
도 피도 비치지 않았고, 통증도 없었으며, 동인이 병원에 가게
된 것은 위 상처의 치료를 받으러 자진하여 간 것이 아니라 경

찰관이 증거수집을 위하여 진단서가 필요하다고 강조하여 부득이 가게 된 사실을 인정한 후 위와 같은 상해의 정도 및 내용에 비추어 피해자가 입은 손상은 그 정도가 워낙 경미하고 일상적이어서 인체의 완전성을 해하거나 건강상태를 불량하게 변경하였다고 보기 어려워 강간치상죄의 상해에 해당된다고 볼 수 없다고 판단하고 있는 바, 기록을 검토하여 보면 원심의 위와 같은 사실인정과 판단조처는 모두 정당한 것으로 수긍되고 거기에 채증법칙을 위배하여 사실을 오인한 위법이 있다거나 강간치상죄에 있어서의 상해의 법리를 오해한 위법이 있다 할 수 없다.

▌절차적 상황

경찰에서 조사를 받았다는 건, 이미 입건되었다는 것이다. 이제 국가 기록에 남는 것은 당연하고 어떤 처벌을 받느냐의 문제만 남는다. 만약 상해의 정도가 중하다면(상해의 정도가 중하다는 판단은 검찰 기준 4주 혹은 8주였다가 최근에는 상당히 장기로 늘어났다고 한다) 구속될 여지도 있다.

경찰조사가 끝나면 검찰에 송치되어 검사의 기소 혹은 불기소 처분을 받을 것이다. 폭행 가해자의 경우 합의가 되면 공소권 없음, 불기소 처분되고, 상해 가해자의 경우 합의가 되더라도 약식기소 이상의 처벌을 받을 가능성이 높다. 만약 상해자가 범죄 경력이 전혀 없거나 동기에 참작할 만한 사유가 있다면 기소유예 처분을 받을 수도 있을 것이다. 때에 따라 정식기소되어 법정에서 재판을 받아야 할지도 모른다.

▌형사와 민사는 별도다

폭행이든 상해든 피해자에게 불법행위를 저지른 건 마찬가지다. 그러면 피해자는 가해자에게 민사소송으로 불법행위로 인한 손해배상을 청구할 수 있다. 형사 합의를 할 때 민사까지 같이 합의하는 경우도 있지만 그렇지 않을 수도 있다. 합의를 하지 못해 형사처벌을 받더라도 민사책임이 없어지는 것은 아니다. 즉, 형사책임과 더불어 민사책임까지 져야 할 수 있다. 하지만 불법행위로 인한 민사상 손해배상청구권에 대한 소송은 피해자나 그 법정대리인이 손해를 입게 한 가해자를 안 날로부터 3년간, 불법행위를 한 날로부터 10년간 행사하지 않으면 시효가 소멸되기 때문에 이 점을 신경 쓸 필요가 있다.(민법 제766조)

명예훼손

블로그 글

한 회사에서 아르바이트를 했다. 그 회사는 꽤 큰 회사였는데
도 아르바이트생들을 인격적으로 모독하고 최저임금도 안 되
는 돈을 주면서 종일 일을 시켰다. 취업 준비를 하며 조금이라
도 돈을 벌어보려 한 일인데 자소서 한 줄 쓸 시간도 없었다.
스트레스도 너무 컸다. 회사를 그만둔 뒤 홧김에 개인 블로그
에 회사를 비방하는 글을 올렸다. 거짓말은 하나도 쓰지 않았
다. 구독자 수도 많지 않고, 방문객도 적은 블로그였다. 조회수
도 60 정도밖에 안 됐다. 그런데 얼마 후 그 회사에서 명예훼
손으로 형사고소를 했다. 억울함을 풀 방법은 없을까? 변호사
를 선임해서 해결해야 하는 걸까?

▮ 실체적 문제

먼저 사용자의 문제를 살펴보자. 앞의 글에 따르면 사용자는 글 쓴이에게 쥐꼬리만큼의 돈을 주면서 종일 일을 시켰다고 한다. 무엇이 문제일까. 일단 최저임금에 미치지 못하는 돈을 준 것이 다. 그렇기에 최저임금에 미치지 못하는 부분을 지급할 민사책임이 있고, 최저임금법 위반으로 형사책임도 질 수 있다. 종일 일을 시켰으니 연장근로의 제한을 위반한 것이고 당연히 연장·야간·휴일 수당도 주지 않았으니 형사처벌의 근거도 있다. 근로기준법에 의해 4인 이하 사업장에는 적용이 안 되는 조항이지만, 이 경우 '꽤 큰' 회사인 것을 보아 모두 적용할 수 있다.

그럼 노동자의 문제는 무엇일까. 노동자는 자신의 블로그에 회사를 비방하는 글을 홧김에 올렸다. 올린 글의 내용은 모두 진실이었다. 하지만 비방은 그 자체로 명예훼손이 성립된다. 내용의 진실 여부는 상관없다. 또 특정되지 않는 제3자가 보게 했으니 '공공연하게' 사실을 드러낸 것이고, '홧김에' 글을 썼으니 '비방할 목적'도 분명하다. 결국 정보통신망 이용촉진 및 정보보호 등에 관한 법률 제70조 제1항에 딱 들어맞는 것이다. 3년 이하의 징역 또는 3천만 원 이하의 벌금에 처할 수 있는 형사책임을 지게 생겼다. 민사상 책임도 생긴다. 피해자에게 불법행위를 했으니 손해배상도 성립한다. 회사가 고소를 했다면 영락없이 처벌을 받고 민사책임까지 물게 된 상황이다. 일반 명예훼손의 경우 형법 제310조상 '행위가 진실한 사실로서 오로지 공공의 이익에 관한 때'만 위법성 조각 사유가 있어 죄를 면할 가능성이 있다. 정보통신망 이용촉진 및 정보보호 등에 관한 법률(명예훼손)에는 '비방할 목적'을 면하면 되지만, 범위가 굉장히 좁기 때문에 SNS로 남을 비방하는 건 좋은 생각이 아니다.

▌억울함을 풀 방법이 없을까

적은 돈을 받으며 인격적으로 모독까지 당한 노동자 입장에서는 이 상황이 모두 억울할 것이다. 단지 글 하나 올린 것뿐이니 말이다. 하지만 회사의 처사가 잘못되어 화가 났다면 좀더 신중하고 똑똑하게 접근했어야 한다. 최저임금법, 근로기준법을 동원해 형사고발을 하고 민사소송을 통해 못 받은 임금을 받아내는 정도까지는 아니더라도 '홧김에' 글을 올리는 행동은 안 하는 편이 낫다. '제정신으로' 사회에 공익적 고발 등을 할 생각을 가지는 게 차라리 낫다. 지금 상황에서는 많은 것이 사용자의 손에 달려 있다. 사용자가 1심 선고 전에 처벌을 바라지 않는다는 처벌불원 고소취소장을 내면 처벌받지 않을 수 있다. 즉, 합의를 봐야 하는 것인데 노동자도 사용자의 최저임금법 및 근로기준법 위반 등의 카드를 갖고 있으니 타협을 시도해볼 여지는 있다. 법률적 지식이 전무하다면, 여러 가지 수를 쓰는 데 한계가 있을 수 있으니 변호사를 선임해 사안을 풀어가는 게 좋을 것이다. 하지만 어찌 됐든 어떤 경우에도 '홧김에' 하는 행동은 좋지 않다. 이미 엎질러진 물을 주워 담는 것은 굉장히 어렵다.

기사 댓글

포털사이트에서 어떤 연예인이 일반인을 폭행했다는 기사를 봤다. 민간인이 먼저 시비를 걸어서 때렸다는 내용이었고, 시비를 걸었든 안 걸었든 때린 게 정당하지 않다는 내용의 댓글을 달았다. '술하고 손목을 잘라야 돼' 이런 내용도 썼다. 그 연예인은 그전에도 두 번이나 폭행한 적이 있었던 사람이다. 그런데 몇 달 후에 지역 관할 경찰서 사이버수사대에서 전화가 왔다. 그 연예인이 나를 고소했다는 거였다. 고소인 변호사는 다른 연예인 사건을 담당했을 때, 합의금이 최소 200만 원에서 최대 500만 원이었다고 했다. 검찰 판결로 기소유예가 나온다고 해도 민사로 소송을 걸 수도 있고, 벌금형을 받는다 해도 벌금을 내야 하니 전과에 남는다고 말한다. 변호사의 말이 다 사실일까? 무조건 잘못했다고 빌어야 할까?

남의 일에 나섰다가 큰코다친 경우로 보인다. 연예인도 사람이고 '민간인을 폭행했다'는 기사와 그 일로 사람들이 비방을 하는 건 분리되는 일이다. '술하고 손목을 잘라야 돼'라고 썼으니 비방할 목적이 있는 것도 분명하다. 그러니 연예인이 민간인을 폭행한 사실이 분명히 있었어도 그것과는 별도로 댓글을 쓴 이는 형사처벌을 받는다. 형사처벌을 받으면 그 행위가 민사상 불법행위가 되는 것도 분명하다. 그러면 가해자는 피해자의 손해에 대한 배상을 해야 한다. 재산 이외에 명예를 훼손했으니 이른바 정신적 손해배상 위자료를 물게 된다. 앞서 말했듯 형사와 민사는 별개로 진행되고 명예훼손은 반의사불벌죄이므로 합의를 하면 처벌받지 않는다. 그 변호사 말은 모두 사실이다.

이렇게 되면 피해자와 합의를 보거나 기타 정상 자료를 제출해 양형참작 사유를 만들어야 한다. 1심 판결 전까지 합의되거나 처벌불원의사를 밝히면 공소권이 없으니 공소권 없음, 불기소 처분되거나 기소되었다면 공소기각 결정을 받는다. 경찰 조사나 결정 연기 등을 통해 가능하면 시간을 벌어, 피해자에게 적절한 보상을 하고 합의를 하는 게 좋을 것이다.

사기

중고제품 판매

인터넷 커뮤니티에서 중고 판매를 했다. 돈을 받고 물건을 편의점 택배로 보냈다. 그런데 구매자 쪽에서 빈 박스로 도착했다며 사기죄로 신고를 했다. 택배 기사, 택배 회사 고객센터 등다 문의해봤지만 물건 포장 상태에는 아무런 이상이 없었다. 구매자는 빈 박스였다는 걸 본인 가게의 CCTV로 증명이 가능하다고 한다. 분명히 물건을 넣어서 보냈고, 배송상에 문제도 없었는데 고소당하는 게 가능한 일인가? 경찰서에 가서 무죄만 주장하면 되는 걸까?

▌다툼이 없는 사실

판매자는 구매자에게 돈을 받았고, 박스에 물건이 있는지 여부를 떠나 박스를 보냈다는 사실은 다툼이 없다.

▌다툼이 있는 사실

과연 판매자가 박스에 물건을 제대로 넣어 보낸 게 맞느냐다. 보낼 때부터 물건을 넣지 않았을 수도 있고, 처음에는 넣었는데 분실하거나 제3자가 훔쳐갔을 수도 있다. 물건을 넣기는 했지만 구매자가 원하지 않는 물건을 넣었다가 중간에 빼버렸을지도 모른다. 혹은 구매자가 물건을 받고도 물건이 없는 빈 박스를 받은 것처럼 CCTV로 조작할 수도 있다. 여러 상상이 가능한 사안인 셈이다.

▌쟁점

이 상황에서 해야 할 건 첫째, 박스에 있던 물건이 없어진 이유를 밝히는 것이다. 판매자의 잘못인가, 배송업체의 잘못인가, 제3자의 잘못인가, 구매자의 잘못인가. 이때 입증책임은, 기소 전이면 고소인이, 기소 후면 검사에게 있다. 구매자가 합리적인 의심이 없을 정도의 증거로 입증하지 않으면 판매자는 잘못이 없는 것으로 된다. 잘못이 없다는 것은 절대적으로 잘못이 없다는 뜻이 아니라, 일단 잘못이 없는 것으로 처리하는 것이다. 기소 전이면 불기소 혐의 없음 처분을, 기소 후라면 무죄를 선고하게 된다. 둘째, 만약 판매자의 잘못이면 고의에 의한 것인지, 과실에 의한 것인지, 판매자 쪽의 제3자에 의한 것인지, 제3자라면 판매자와 공모한 것인지, 제3자가 독자적으로 이룬 것인지 증거를 통해 확인해야 한다. 이때도 입증책임은 기소 전이면 고소인이, 기소 후면 검사가 한다. 물론 피고소인이 사실을 부인하면 직접 및 간접증거 등 여러 증거를 두고 사실의 연결을 합리적으로 확인해 고의 여부를 판단하게 된다.

▌입증

앞서 본 것처럼 사실상 입증책임은 고소인에게 있다. 고소인은 판매자가 '고의'가 있었다는 것을 입증해야 한다. 과거에도 판매자가 이런 적이 있었다든가 등을 찾아야 하기 때문에 단순히 빈 박스를 받았다는 주장만 한다고 처벌을 받을 수는 없다. 판매자는 입증책임은 없지만 사건 경위 등을 밝히고, 이를 뒷받침하는 증거들을 제시하며 자신의 결백을 주장할 필요가 있다.

얼마 전에 들었던 친구의 사례다. 친구는 친지의 말을 믿고 친지가 근무하는 A사에 1억 5천만 원을 투자했다. 잘하면 100퍼센트 이익이 나올 거라고 했다. 어느 정도 시간이 지나 이익이 났다는 소식을 들었는데 언제 투자금을 돌려받는 건지는 알려주지 않았다. 그동안 다른 투자자들은 A사에 찾아가 투자금을 돌려달라며 난리를 쳤고, 원금의 50퍼센트를 받아갔다. 사람 좋은 친구는 A사를 믿고 기다렸는데, A사는 이익이 없어서 돈을 줄 수 없다고 했다. 투자를 하라고 한 친지도 미안한 마음에 적극적으로 소를 제기하는 데 도움을 준다고 했다.

이익이 났는지 여부를 확인하려고 법원에 금융정보 제공명령 신청까지 해서 A사 관련 금융 거래 내역을 뽑아봤다. 거래 내역을 보니 대표이사나 회사 직원들이 그들 이름으로 석연치 않은 거래를 한 것은 같은데 실상을 밝히기가 쉽지 않았다. 법원에 의문스러운 부분에 대한 석명(민사상 법원에 부여된 권한으로 법원이 사건의 진상을 명확하게 하기 위해 당사자에게 설명할 수 있는 기회를 주고 입증을 촉구하는 것)을 요청했으나 받아들여지지도 않았다. 소송대리인도 법원이 석명 요청을 받아들이지 않을 거라는 설명은 했다고 한다. 회사의 투자자는 회사 내부 일인 회계 문제를 밝히는 데 한계가 있을 수밖에 없기 때문이다. 사실을 밝혀낼 때는 최선을 다하되, 이런 점까지 고려해야 할 것이다. 이 사건은 결국 입증에 실패해 원고가 패소했다.

▌배송 문제가 없는데도 고소를 당하는 걸까

고소란, 피해를 당한 사람이 수사기관에 처벌을 바라는 의사표시를 하는 것이다. 구매자는 판매자에게 돈을 주고 물건을 받지 못했다고 주장하니 피해를 당했다고도 볼 수 있다. 그렇기에 고소를 할 수는 있다. 그 결과로 판매자는 졸지에 고소를 당한 사람이 되어 수사기관에서는 피의자가 되어버릴 수 있다.

물론 피해가 없거나 사실관계를 오인해서 고소를 할 수도 있다. 이럴 때 고소인은 무고혐의를 받는다. 수사기관은 고소사건과 고소인의 무고혐의를 함께 두고 수사한다. 고소사건에서 불기소처분을 할 때 검사는 고소인에 대한 무고 여부 판단을 하게 된다. 무고혐의가 있다면 고소인은 처벌받게 된다. 하지만 생각보다 무고혐의를 인정하기는 어렵다. 고소인 편에서 생각하고 보는 것과 피고소인 편에서 생각하고 보는 것이 다를 수 있기 때문이다.

대법원 1996. 3. 26. 선고 95도2998 판결

그렇다면, 위 공소외 1이 피고인으로부터 위 금 45,000,000원을 수령할 때부터 위 공소외 1에게 계획적인 편취 의사가 있었다는 취지의 고소장의 기재내용이 실제의 사실과 다르다고 하더라도, 나중에 위 공소외 1이 계속하여 피고인을 속여온 점에 비추어보면 피고인으로서는 위 공소외 1에게 처음부터 돈을 편취할 의사가 있었던 것이라고 믿을 수밖에 없었을 것이고, 또 위와 같은 상황에서는 위 공소외 1의 연대보증인으로서 위 공소외 1과 같이 행동하였던 위 이상운이나 위 공소외 1의 아버지로서 위 이상운과 공동으로 위 공소외 1의 연대보증인이 된 위 공소외 2도 위 공소외 1의 공범이라고 의심할 만한 합리적인 이유가 있다고 할 것인바, 이와 같이 진실한 객관적인 사실들에 근거하여 고소인이 피고소인의 주관적인 의사에 관하여 갖게 된 의심을 고소장에 기재하였을 경우에 법률 전문가가 아닌 일반인의 입장에서 볼 때 그와 같은 의심을 갖는 것이 충분히 합리적인 근거가 있다고 볼 수 있다면, 비록 그 의심이 나중에 진실하지 않는 것으로 밝혀졌다고 하여 곧바로 고소인에게 무고의 미필적 고의가 있었다고 단정하여서는 안 될 것이다.

대법원 1986. 9. 23. 선고 86도556 판결

형법 제156조의 무고죄라 함은 타인으로 하여금 형사처분 또는 징계처분을 받게 할 목적으로 공무소에 허위의 사실을 신고함으로써 성립하는 것으로, 여기에서 말하는 허위사실이라 함은 그 신고된 사실이 신고 상대방에 있어서 범죄 등을 구성하는 요건에 관계되는 것으로 그로 인하여 그 상대방이 형사처분 또는 징계처분을 받게 될 위험이 있는 내용에 관한 것이어야 하고, 비록 신고내용에 일부 객관적 진실에 반하는 내용이 포함되었다고 하더라도 그것이 형사처벌이나 징계의 대상이 되지 아니하는 것으로서 단지 신고사실의 정황을 과장하는 데 불과하거나 적어도 허위인 일부 사실의 존부가 전체적으로 보아 범죄 또는 징계사유의 성립 여부에 직접 영향을 줄 정도에 이르지 아니하는 내용에 관계되는 것이라면 무고죄는 성립되지 아니한다고 보아야 할 것이다.

(중략)

원심이 적법하게 확정한 사실을 기록에 비추어 살펴보면, 피고인이 이 사건 피해자와 정교관계를 한번 맺었고, 그로 인하여 임신을 하게 된 것이 사실이라고 하더라도 성인남녀인 위 두 사람 사이에 정교관계가 서로의 합의에 의하여 이루어진 것으로 보이는 이 사건에 있어서 위와 같은 사실 그 자체만으로 피해자의 범죄성립 여부에 직접 영향을 미치는 사정은 아니라 할 것이고, 오히려 피해자는 위 사실을 미끼로 피고인의 집에까지 찾아와 피고인의 처 공소외 1등에게 피고인의 위 행위에 대하여 책임을 추궁하면서 보상을 요구하고 이에 응하지 않으면 사회적으로 매장시키겠다고 위협을 하면서 낙태비 명목으로 금 10만 원을 교부 받아간 후에도 계속 돈 1,000만 원을 요구하여 피고인은 피해자를 공갈 및 공갈미수죄로 경찰에 고소한 사실이 인정되므로 그와 같은 사실을 고소한 것이 진실에 맞는 것으로 허위의 사실을 신고한 것이 아니라고 판단한 원심의 조치는 수긍이 가고, 거기에 소론이 주장하는 바와 같이 무고죄의 법리를 오해한 위법이 없다.

▌경찰에 가서 무죄만 주장하면 될까

고소를 당했다면 피고소인은 무죄만 주장할 게 아니라 나름대로 적극적으로 대응해야 한다. 조사관이 내 주장을 믿어주면 좋겠지만, 고소인 주장을 믿거나 수사기관 나름대로 판단을 할 수도 있기 때문이다. 그래서 처음부터 사건을 잘 정리해서 증거를 수집하고 전문가의 자문을 받은 전략과 전술로 완벽하게 대응하는 것이 최선이다. 아무 죄가 없다고 생각해 자신의 주장을 입증할 증거가 있음에도 이를 소홀히 하다가 상황이 달라지고 나서 대응하면 너무 늦은 것일 수 있다. 내가 주장한 진실이 상대방이나 수사관이 보는 진실과 부딪히면서 왜곡될 수도 있고, 어떤 사실이 법원에서 확정되면 이를 뒤집는 게 매우 어렵기 때문이다. 따라서 자신의 주장을 적극적으로 입증할 필요가 있다.

개인회생 중 사기

2년 전쯤 대출 갚기가 힘들어 동료에게 천만 원을 빌렸다. 거래 정지 중인 주식이 풀리면 돈을 갚겠다고 했고, 동료는 대출을 받아서 돈을 빌려줬다. 갚을 돈이 생겼는데 무리하게 주식을 하다 있는 돈을 다 날려버렸다. 과도한 빚이 힘들어서 개인회생을 신청했고, 현재 개인회생 관계인 집회만 남은 상태다. 동료에게는 도저히 빚을 갚을 방법이 없으니 기다려달라는 말을 하며 아주 일부만 갚았다. 동료는 법무사를 통해 급여를 압류하면서 사기죄로 고소까지 했다. 개인회생 변제 후 남은 금액은 어떻게든 꼭 갚겠다고 했지만 당장 갚으라고 한다. 공증 같은 건 없고 문자로 꼭 갚겠다는 말만 했다. 경찰서에서 진술서 작성을 위해 조사를 받으라고 하는데 어떻게 대처해야 하는 걸까?

▌법리

전형적인 차용사기다. 이때는 크게 두 가지를 본다. 첫째, 차용자가 대여자에게 거짓말을 했는지 여부다. 당시 상황을 있는 그대로, 특히 대여자가 의사결정을 하는 데 필요한 상황을 모두 말해줬는지 여부다. 만약 부동산 담보가 있지만 신용으로 수억을 받아 채무가 있는 상태고, 대여금보다 훨씬 많은 빚이 있다는 걸 말하지 않았다고 치자. 빚을 지고 갚는다면 아무런 문제가 되지 않겠지만 빚을 갚지 못했을 때는 상황을 전부 말하지 않은 부분에 대해 고지의무 위반 등으로 시비를 가리게 된다. 둘째는 변제능력 부분이다. 차용자가 모든 상황을 사실대로 말했지만 변제하겠다는 시점에서 실제로 변제할 능력이 안 된다면, 사기죄가 성립된다. 이런 법리를 염두에 두고 이 사건을 다시 살펴보자.

▌ 다툼이 없는 사실

피고소인은 고소인에게 천만 원을 빌리고 돈을 갚지 않았다. 이 사실에는 다툼이 없다.

▌ 다툼이 있는 사실

고소인은 피고소인이 갚을 의사가 없는데 거짓말을 해서 돈을 빌렸고, 또 변제능력이 없다는 이유로 고소했을 것이다. 특히 피고소인이 개인회생 절차를 밟게 되면 고소인은 결정적인 피해를 입게 된다. 개인회생 인가가 나면 빌려준 돈보다 훨씬 적은 돈을, 그것도 3년 내지는 5년에 걸쳐 받아야 될지도 모른다. 나머지 돈은 법리상 면책되기 때문이다.

　만약 이 면책결정을 무효화시키려면 채무자 회생 및 파산에 관한 법률 제625조 제2항 제4호 기재처럼 '채무자가 고의로 가한 불법행위로 인한 손해배상'임을 입증해야 한다. 앞의 사건에서처럼 사기죄로 기소되면 고의로 가한 불법행위가 있기에 손해배상을 청구할 수 있게 된다.

▌피고소인의 대책

이 사건에서는 피고소인이 불리하다. 거래 정지 주식이 풀리면 돈을 갚겠다고 해놓고 돈이 생기자 무리하게 주식을 해 돈을 다 날려버렸고, 변제능력이 되지 않으니 일부만 갚고 나머지는 사실상 떼어먹겠다는 개인회생 절차를 밟고 있으니 차용자인 피고소인은 거짓말을 했거나 변제능력 자체가 없었을지도 모른다. 꼭 갚겠다고 한 문자로는 부족하다. 이 경우 어떻게든 고소인을 설득해 조서를 작성하기 전에 합의를 해서 고소취소장을 받는 것이 좋다. 현금을 마련하거나 고소인을 설득하는 데 시간이 필요하다면 조사관에게 합의를 위한 시간을 달라며 조사 기간 연장 등을 요청할 필요가 있다. 조사를 받기 전에 고소가 취소되면 경찰은 수사를 종결해 검찰에 대부분 각하의견으로 송치하고, 검찰은 그대로 불기소처분하는 경우가 대다수이기 때문이다.

성매매

성매수 남성

몇 주 전에 술을 좀 많이 먹고 호기심이 생겨 처음으로 성매매 업소에 가봤다. 현금으로 돈을 내고 들어간 것까지는 기억이 나는데, 업소 직원과 직접적으로 성관계를 했는지는 잘 기억이 나지 않는다. 그런데 며칠 전에 성매매 업소 장부에 내 전화번호가 적혀 있었다며 경찰서에 와서 조사를 받으라고 했다. 수사에 협조만 잘하면 기소유예로 끝날 거라고 했다. 돈을 내고 들어간 건 맞지만 기억이 나지 않아 성관계를 맺지 않았다고 주장하려 한다. 이렇게 주장하면 수사에 비협조적이라며 기소가 될까? 장부에 전화번호가 있다고 해도 성관계를 했다는 실질적인 증거는 없는데 처벌을 받게 될까?

▍법리

참 안타까운 일이다. 성 문제로 법적 제재를 받아야 하는 상황에 놓였기 때문이다. 성매매란, 불특정한 사람을 상대로 금품이나 그 밖의 재산상의 이익을 수수하거나 수수하기로 약속하고 성교행위, 구강, 항문 등 신체의 일부 또는 도구를 이용한 유사 성교행위를 하거나 그 상대방이 되는 것을 말한다. 성매매를 하게 되면 성매매 알선 등 행위의 처벌에 관한 법률에 따라 1년 이하의 징역이나 300만 원 이하의 벌금·구류 또는 과료에 처해질 수도 있고 보호사건으로 처리되어 6개월 특정 장소 출입금지, 보호관찰, 상담, 치료, 사회봉사 등의 처벌을 받을 수도 있다. 다만 성매매를 했다고 수사기관에 신고하거나 자수한 경우에는 형이 감경되거나 면제될 수 있다.

▍쟁점

이 사건의 쟁점은 두 가지다. 첫째, 혐의자의 주장대로 무혐의가 될 수 있는가. 형사상 범죄는 여러 가지 증거에 의해서 인정된다. 증거에는 직접증거, 간접증거, 인증, 물증, 서증 등으로 다양하다. 이 사건에서 성매매 상대자가 성관계를 했다고 진술하면 직접증거가 될 것이고 업소 장부에 적혀 있던 전화번호부는 업소에 갔다는 간접증거가 될 수도 있다. 특히 술을 마신 상태로 업소에는 갔지만 성관계를 한 기억이 없다고 주장하는 경우, 기억이 안 나는 부분을 자신에게 유리한 다른 정황 내지는 간접증거로 메꾸지 못한다면 모든 상황을 전부 부인하는 것보다 더 어려운 상황이 된다. 그렇기에 기억이 안 난다는 주장을 하려면 신중하게 생각해야 한다. 물론 성관계를 했다는 직접증거는 없지만 여러 가지 간접증거, 정황증거 등을 모아 종합적 증명력으로 혐의가 인정될 수 있기 때문에 더 신중할 필요가 있다.

둘째, 혐의가 인정된다면 어떻게 할 것인가. 다른 사람의 주장과 당시 상황 등을 종합해볼 때 혐의가 인정될 수밖에 없다면 그다음은 어떻게 행동해서 최대한 좋은 결론을 낼 것인가 생각해야 한다. 형법 제51조에는 양형의 조건이 있고, 이에 대한 주장과 자료가 있으면 좋다. 예컨대 피해자와 합의를 한다든지 부득이하면 공탁을 한다든지, 반성문을 제출한다든지, 주변 사람들의 탄원서를 받아 제출한다든지, 계속 학업을 해야 한다는 입장이라 사업상 혹은 자격상 자유형을 받으면 안 된다는 주장 등 여러 가지 상황이 포함된다.

형법 제51조(양형의 조건)

형을 정함에 있어서는 다음 사항을 참작하여야 한다.

1   범인의 연령, 성행, 지능과 환경

2   피해자에 대한 관계

3   범행의 동기, 수단과 결과

4   범행 후의 정황

특히 성매매 알선 등 행위의 처벌에 관한 법률 제26조(형의 감면)에는 '이 법에 규정된 죄를 범한 사람이 수사기관에 신고하거나 자수한 경우 형을 감경하거나 면제할 수 있다'고 되어 있다. 위 사건의 경우 수사기관에서 이미 수사를 시작했으니 신고할 일은 없지만 '자수'할 길은 있다. 조사를 받기 전에 미리 '자수서'를 작성해 경찰에 제출하면 감경을 받을 기회가 생길 수도 있다.

경찰이 말한 '수사에 협조만 잘하면 기소유예로 끝날 것'이라는 말은 사실일 가능성이 크다. 수사에 협조했다는 것은 자신이 자수하는 경우뿐만 아니라 다른 사람의 성매매 사실에 대해 추가 진술하거나 혐의자를 새로 말하는 경우 등을 포함하는 것이고, 이런 정상이 참작되어 검사가 기소하지 않고 용서하는 '기소유예'가 될 가능성이 크기 때문이다. 만약 초범이고, 참작할 정상이 없다면 벌금형으로 처리될 가능성이 크다.

자수서

사건: 성매매알선 등 행위의 처벌에 관한 법률 위반
피의자: A

위 피의자는 위 사건과 관련하여 다음과 같은 내용에 대해 자수하고 달게 처벌을 받고자 합니다.

다 음

1. 2019. 00. 00.경 서울 서초구 서초동 ○○○ 소재 천하마사지에서의 성매매 행위

2019. 00. 00.

자수자 성명: A
　　　　주민등록번호: 000000-0000000
　　　　주소:
　　　　연락전화:

서초경찰서장님 귀중

성매매 여성

공무원 시험을 준비하는 대학생이다. 스마트폰 랜덤 채팅으로
조건만남을 해서 돈을 번 적이 있다. 그런데 두 번째 나간 자리
에 나온 상대가 성매매 수사 중던 경찰이었다. 인적사항을 조
회했고 일주일 안에 연락을 할 테니 조사를 받으라고 했다. 전
과도 없고 초범이니 기소유예가 나올 거라고, 기록에 안 남게
할 수 있다고 했다. 만약 처벌을 받으면 준비하던 시험이며, 하
던 공부며 모두 소용이 없어진다. 경찰 조사 받을 때 이런 사정
을 말하는 게 소용이 있을까? 만약 이 사건이 검찰에 넘어가도
반성문을 제출하면 정말 기록에 남지 않을 수 있을까?

▌어떤 죄를 지었는가

성매수를 한 남성이든, 성매매를 한 여성이든 앞서 말했던 성매
매 알선 등 행위의 처벌에 관한 법률에 걸리게 된다.

▌범죄기록이 남는가

범죄기록이 남을지, 남지 않을지는 수사자료표에 관한 규칙
을 살펴봐야 한다. 수사자료표란 피의자의 인적사항과 죄명 외
에 수사경력 또는 범죄경력에 관한 사항을 기재한 표다. 수사경
력은 벌금 미만의 형의 선고 및 검사의 불기소 처분에 관한 자
료 등으로 범죄경력 자료를 제외한 나머지 자료고, 범죄경력에
는 전과기록 등이 포함된다. 그렇기에 어떤 기록을 남기지 않으

려면 이 수사자료표에 해당되는 일이 없어야 하지만, 일단 입건이 되면 수사자료표에 남을 수밖에 없다. 피의자가 수사자료표에 기록되는 것을 막는 방법은 검사에 의해 보호사건으로 분류되어 가정법원에 송치, 보호처분 중 성매매가 이뤄질 우려가 있다고 인정되는 장소나 지역 출입금지 처분, 성매매피해상담소에서의 상담, 전담 의료기관에의 치료위탁 등이 있다. 이런 선처를 바란다면 미리 자수를 해서 반성문을 제출하고, 초범인 것을 강조하며 여러 정상이 참작되게 할 필요가 있다.

▌시험 준비는 물거품이 되는가

사건의 당사자인 대학생은 공무원 시험을 준비한다. 혹 이렇게 수사를 받은 것이 기록에 남으면 지금껏 했던 공부가 물거품이 될까 봐 걱정한다. 그렇다면 반대로 우리나라 국가공무원법에서 국가공무원 또는 지방공무원의 결격사유를 어떻게 정하고 있는지 살펴보는 게 좋다.

국가공무원법 제33조(결격사유)

다음 각 호의 어느 하나에 해당하는 자는 공무원으로 임용될 수 없다. 〈개정 2010. 3. 22, 2013. 8. 6, 2015. 12. 24〉

1   피성년후견인 또는 피한정후견인

2   파산선고를 받고 복권되지 아니한 자

3   금고 이상의 실형을 선고받고 그 집행이 종료되거나 집행을
    받지 아니하기로 확정된 후 5년이 지나지 아니한 자

4   금고 이상의 형을 선고받고 그 집행유예 기간이 끝난 날부터
    2년이 지나지 아니한 자

5   금고 이상의 형의 선고유예를 받은 경우에 그 선고유예 기간
    중에 있는 자

6   법원의 판결 또는 다른 법률에 따라 자격이 상실되거나 정지
    된 자

6의2 공무원으로 재직기간 중 직무와 관련하여 〈형법〉 제355조
    및 제356조에 규정된 죄를 범한 자로서 300만 원 이상의 벌
    금형을 선고받고 그 형이 확정된 후 2년이 지나지 아니한 자

6의3 〈형법〉 제303조 또는 〈성폭력범죄의 처벌 등에 관한 특례법〉
    제10조에 규정된 죄를 범한 사람으로 300만 원 이상의 벌금
    형을 선고받고 그 형이 확정된 후 2년이 지나지 아니한 사람

7   징계로 파면처분을 받은 때부터 5년이 지나지 아니한 자

8   징계로 해임처분을 받은 때부터 3년이 지나지 아니한 자

위에 나온 경우를 보면 알겠지만, 성매매범으로 벌금형을 받
고 보호처분을 받더라도 공무원이 되는 데는 아무 문제가 없다.
공무원이 돼서도 이런 일이 벌어지면 문제가 생긴다. 공무원 수

사를 하는 경우 수사기관은 공무원이 소속된 기관장에게 수사를 통보하게 되어 있기 때문이다. 일반적으로 통보를 받은 기관은 수사받은 공무원에 대한 징계절차를 밟게 된다.

▍사정을 설명할 필요

경찰에게 조사를 받을 때 이런 사정을 말하는 게 소용이 있을까? 사실 이 질문에는 뚜렷한 답을 해줄 수가 없다. 물론 경찰도 인간인지라 피의자가 반성하고 있고, 이 사건의 당사자처럼 참조할 만한 딱한 사정이 있으면 고려할 수는 있을 것이다. 그러나 기본적으로 경찰관은 진실을 밝히고 법을 적용하는 데 한계가 있기 때문에 큰 기대는 하지 않는 게 좋다.

강동욱 · 황문규 · 이성기 · 최병호, 《형사소송법 강의》, 오래, 2018.

강영일, 《신 형법총론》, 학림, 2018.

공자(김형찬 역), 《논어》, 홍익출판사, 2016.

권오걸, 〈사실인정과 언어적 한계〉, 《형사정책연구》 제24권 제1호, 한국형
　　사정책연구원, 2013.

권영법, 《합리적 의심─O. J. 심슨은 어떻게 무죄가 되었나?》, 현암사, 2017.

권오봉 · 권혁재 · 김동호 · 윤태석, 《법문서 작성》, 법문사, 2016.

김선복, 《신형법총론》, 세종출판사, 2018.

김선화, 〈형사소송에서 자유심증주의에 관한 이론적 연구〉, 고려대학교 대
　　학원 박사학위논문, 2005.

김성률, 〈현행법에서 과학적 증거의 증거능력과 증명력〉, 《형사법연구》 제

24권 제4호, 한국형사법학회, 2012.

김상준, 〈무죄판결과 법관의 사실인정에 관한연구―항소심의 파기자판 사례를 중심으로〉, 서울대학교 법학전문대학원 법학전문박사학위논문, 2013.

김신규, 《형법총론강의》, 박영사, 2018.

김영기, 〈실무에 도움되는 검찰 바로 알기〉, 《2018년 제12차 변호사의무연수 형사》, 서울지방변호사회, 2018.

김상준, 《무죄판결과 법관의 사실인정》, 경인문화사, 2013.

김재덕, 《법문서 작성 방법과 법리》, 법문북스, 2017.

김종률, 〈진술·증거분석을 통한 사실인정 방법론 연구〉, 한양대학교 대학원 박사학위논문, 2014.

김청만, 《판례 형사소송법》, 프라임에듀북, 2012.

김형석, 《백년을 살다보니》, 덴스토리, 2016.

노수환, 《핵심 형사기록》, 필통북스, 2018.

노인수, 《달건 장밟혔다―노인수 검사의 깡패 사냥》, 도서출판 민현, 1997.

노인수, 《무죄의 기술》, 순눈, 2017.

노인수·이선우, 《경매유치권과 손자병법》, 국가법령정보센터, 2009.

도재형, 《법문서 작성 입문 개정판》, 이화여자대학교 출판문화원, 2018.

류혁상·권창국, 〈증거의 신빙성 제고를 위한 효과적인 증거 수집 및 현출 방안〉, 한국형사정책연구원, 2005.

무무·노인수, 《유죄 받은 자의 변명》, 순눈, 2017.

민영성, 〈법인 식별 진술의 위험성과 그 대처방안〉, 《법학연구》 제42권 제

1호, 부산대학교 출판부, 2001.

민주사회를 위한 변호사 모임, 《쫄지 마, 형사절차!: 수사편》, 생각의길, 2015.

사마천(신동준 역), 《완역 사기본기 — 오제부터 한무제까지 제왕의 역사》, 위즈덤하우스, 2015.

박경리, 《토지 1》, 마로니에북스, 2012.

박미숙·도중진, 〈피의자·피고인·참고인·증인의 인권보호와 향상을 위한 정책연구〉, 형사정책연구원, 2004.

박광배·김상준·안정호, 《무죄론》, 학지사, 2017.

박지현, 〈진술거부권에 관한 연구〉, 서울대학교 박사학위논문, 2007.

법무실무연구회, 《사례중심 형사분쟁 해결 도우미》, 예스폼, 2010.

변종필, 〈간접증거에 의한 유죄 인정〉, 《비교형사법 연구》 제5권 제2호, 한국비교형사법학회, 2003.

사법연수원, 〈2011 증인신문기술〉, 사법연수원, 2011.

사법연수원, 〈2011 형사 변호 실무 — 법률실무과목〉, 사법연수원, 2011.

사법연수원, 〈2012 형사증거법 및 사실인정론 법률실무과목〉, 사법연수원, 2012.

사법연수원, 〈2016 형사증거법 및 사실인정론 법률실무과목〉, 사법연수원, 2016.

사법연수원, 〈2017 증인신문기술〉, 사법연수원, 2017.

사법연수원, 〈2018 검찰실무 I〉, 사법연수원, 2018.

사법연수원, 〈2018 수사절차론〉, 사법연수원, 2018.

사법연수원, 〈2018 형사변호실무―법률실무과목〉, 사법연수원, 2018.

사법연수원, 〈2018 형사증거법 및 사실인정론〉, 사법연수원, 2018.

사법연수원 교육발전연구센터, 〈재판이론과 실무―법적 판단〉, 2011.

사법연수원 교육발전연구센터, 〈재판이론과 실무―증거조사〉, 2011.

서동호·김선근, 《조상 땅 찾는 법》, 다산초당, 2007.

신광은, 《신광은 형사소송법》, 도서출판 웅비, 2019.

신동운, 《간추린 신형사소송법》, 법문사, 2018.

신동운, 《판례분석 신형사소송법 2》, 법문사, 2014.

신이철, 《수사절차법》, 피데스, 2018.

신호진, 《2016 OX로 정리하는 형법요론: 총론》, 문형사, 2016.

신호진, 《2016 OX로 정리하는 형법요론: 각론》, 문형사, 2016.

심재천, 〈검찰수사실태와 변호인의 역할〉, 《2018년 제12차 변호사의무연수
　　형사》, 서울지방변호사회, 2018.

양동철, 《형사소송실무: 형사법기록형》, 박영사, 2013.

양천수, 〈형사소송에서 사실인정의 구조와 쟁점―법적 논증의 관점에서〉,
　　《형사정책연구》 제26권 제4호, 한국형사정책연구원, 2015.

양형위원회, 〈2012 양형기준〉, 2012.

오지용, 《로스쿨 법문서작성》, 동방문화사, 2016.

위재민, 《형사절차법: 제3판》, KSAM(한국표준협회미디어), 2012.

유영규, 《과학수사로 보는 범죄의 흔적》, 알마, 2016.

유영근, 《우리는 왜 억울한가》, 타커스(끌레마), 2016.

이관희·김지은·문성준, 〈2018 범죄수사입문〉, 경찰대학, 2018.

이동진, 〈진단서의 증명력: 상해진단서를 중심으로〉, 《의료법학》 제18권 제2호, 대한의료법학회, 2018.

이병일, 《나홀로 하는 형사절차(법률실무 3)》, 윌비스, 2017.

이성기, 〈변화하는 형사재판 환경에서의 형사증거법의 역할과 과제: 사실인정자의 편견을 배제하기 위한 형사증거법상 제언〉, 《법과 정책연구》 제14집 제4호, 한국법정책학회, 2014.

이정환, 〈민사소송법상 법관의 자유심증주의〉, 원광대학교 대학원 석사학위논문, 2009.

이준호, 〈형사재판에 있어서 증명력 판단의 기준―사실인정에 대한 대법원 판례의 고찰〉, 《사법연수원 논문집》 제2집, 2005.

이창현·강동필·김영천·정해영·성기강, 《형사변호와 무죄》, 미래와 경영, 2004.

이흔재, 〈국민참여재판에서의 증거법과 사실인정―조서규정을 중심으로〉, 《법학연구》 제26권 제1호, 법학연구소, 2018.

임웅, 《형법총론 제10정판》, 법문사, 2018.

정영일, 《신 형법총론》, 학림, 2018.

정진수, 〈구속영장심사와 피의자심문〉, 한국형사정책연구원, 1998.

정해상, 《과학수사와 범죄》, 일진사, 2018.

제갈현열·김도윤, 《기획에서 기획을 덜어내라》, 천그루숲, 2018.

차시환·추봉조·김봉수, 《경찰수사론(총론)》, 박영사, 2018.

천주현, 《수사와 변호》, 박영사, 2015.

최호진, 《2018 형법각론강의》, 준커뮤니케이션즈, 2018.

한겨레21, 《올해의 판결 2014~2017년 64선》, 북콤마, 2018.

한국형사소송법학회, 《형사소송법 핵심 판례 110선》, 박영사, 2017.

한상훈·안성조, 《형법입문》, 피앤씨미디어, 2018.

한정우, 《세 번만 읽어도 좋은 변호사를 골라 승소하는 법》, 다산초당, 2006.

한종술, 《소송문서 작성의 전략》, 육법사, 2010.

홍용표, 《형사소송기술》, 주서출판사, 1999.

검경
수사
잘 받는
법